U0081908

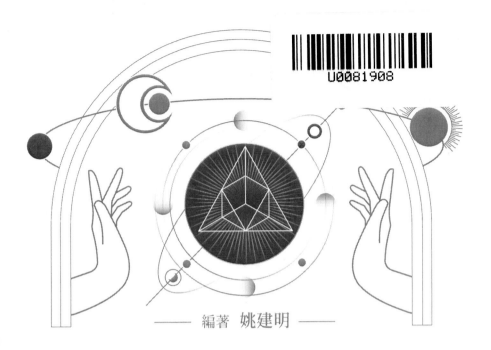

—— 編著 姚建明 ——

八卦星象

流傳千年的
文化傳承×
連接天地
人生的哲學巨作
當星座遇上易經，
兩者會擦出什麼火花？

目錄

第 3 章 信仰

目錄

前言

自從 2003 年在學校裡為學生開設「天文知識基礎」的通識課以來，我注意到星座知識一直是很受關注的。實際上，最早開課時，我的教學計畫裡並不存在關於「星座」和「外星人（UFO）」的內容。為什麼沒有？因為我不相信！

如果你相信星座，那你可以寫一道簡單的算術題：全世界最新的人口統計是 70 億人左右，黃道星座有 12 個，兩個數字除一下，每個星座差不多有 6 億人！閉上眼睛想一下──全世界有那麼多的人和你一樣喜歡什麼、討厭什麼、適合做一樣的工作、適合交一樣的朋友？

再說說外星人。霍金先生說得對，別去找什麼外星人（UFO）了，人類找到他們的那一天，就是人類的滅亡之日！為什麼？因為我們相距至少 4.3 光年，即便搭乘光速飛船，也要 4.3 年才能飛到地球來，那他們的能力和技術該高出人類多少倍？

可是我的學生說：「老師您是不相信的，但許多人還是半信半疑呀！如果您能說服大家都不相信，那您就是我們最敬佩的老師。」好吧！為了這一光榮的稱號，我開始為學生們講「星座」，講「外星人」。這本書裡講「星座」，目的當然也是讓大家明白，他們只是興趣，只是娛樂。我接觸的那些學生們實際上也是這樣說的：玩玩而已，符合自己就信，不符合就說──這沒有根據！

那《易經》有科學的影子嗎？算命有什麼道理嗎？這

個我們最好是從文化層面和古人所處的社會及自然環境去考慮、去了解，我們說科學所研究的就是大自然和人類社會的存在以及它們的規律。怎樣了解呢？當然要去實踐。

《易經》最早出現於遠古時代，人們認識自然和社會的方法極其有限，這一點從《易經》本身的演進過程也能看得出來。最早是「伏羲畫卦」，怎麼畫的？照著天地的模式；然後是眾多「大神」解卦；最後是孔夫子按照儒家的哲學思想，寫出《十翼》來全面地闡述《易經》存在的意義。這就是一個人類認識世界從直觀到主觀再到客觀的過程，所以從某種意義上來說，《易經》是一個人類系統性地認識世界的過程，起碼算是一個「定性的」認知過程。

隨著人類認知的不斷演進，最突出的事例就是「圖騰」。「圖騰」是各民族的「崇拜物」，圖騰物實際上都是人類的希冀之物，是把人類的勞動成果理想化、無限擴大化。植物的圖騰比如葫蘆的多籽、動物的圖騰比如龍的行走如飛等，都含有人類的希望在其中。

總之，相對於宇宙、相對於大自然，人類還是渺小的。過去人們常說「人定勝天」，在得到教訓之後，現在提倡「人和大自然的融合」。那麼，渺小的我們，有沒有什麼強大的地方呢？當然有，那就是信念，堅持不懈的信念就是「信仰」。

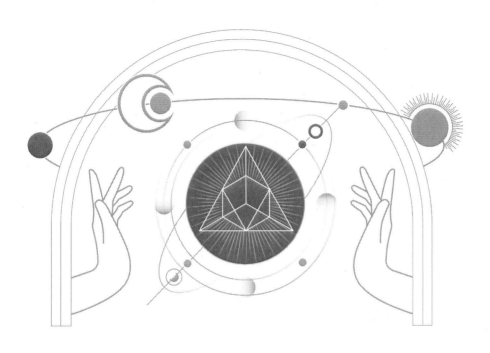

第 1 章 星座

星座和《易經》，兩者相同嗎？它們之間有關聯嗎？

太多的人想了解星座，想看懂《易經》。可是，真的是很少人能搞得懂、看得明白。因為，一個是源遠流長了幾千年的文化傳承，一個是連接天地人生、時域和空域的哲學巨作。

1.1 星座是屬於「牧羊人、國王還是曆法」

　　星座的英文是「constellation」，意思是「星座」、「星群」，這基本上是天文學的解釋；而占星術中所指的星座是「sign」，意思是「記號」、「標記」、「象徵」。在英漢詞典中有這樣的翻譯：「Signs of Zodiac 黃道十二宮」；而在英文字典中，則詮釋得更詳盡：One of the twelve equal divisions of the Zodiac，意思是黃道上十二個均等的部分（占星術中的星座劃分）。因此，天文曆法的十二星座（太陽的經過時間並不是均等的）與占星術中所指的星座（太陽的經過時間是均等的）在實際意義上是不同的。而實際上，星座就是天上一群群「人為」的恆星組合。它們經過分類、賦予、定義後，被占星師用來算命（演變成一組符號）；被天文愛好者用來認星（天文學家觀測天體從來不用星座）；也被早期的航海家用來導航（見圖 1.1）。比如獅子座的 α 星（中文名軒轅十四）就是「航海九星」之一。

圖 1.1 航海早期，航海都是靠著名的天體和星座定位的

1.1 星座是屬於「牧羊人、國王還是曆法」

星座叫法的起源，據說來源於 4,000 多年前的古巴比倫王朝，兩河流域的美索不達米亞文明。後經埃及、希臘傳入歐洲，歷經兩度盛衰之後，最終按照其應用，分別形成為天文學的 88 個星座和占星術的黃道十二星座（宮）符號。

實際上，全世界的各個民族都有過這種將天上的星星分類、組合的過程。雖然 5,000 年來世界上先後出現了多個文明古國，而且很多民族對天上的亮星都取了名字，甚至編出了美麗的神話，但真正形成完整星空命名體系的民族少之又少。

世界上只有兩個最著名的完整星空命名體系：一個是以古希臘星座為基礎的西方現代星座；一個是與中華文明、中國傳統文化伴隨始終的中國星座。這兩個星座體系基本上都是初步定型於西元初年，這應該是人類文明發展到一定程度的必然結果。為什麼在這個時候會在這兩個地點分別出現兩個完整的星空體系呢？我們不妨看一看那個時代與文明程度高度相關的人口數量分布：在西元初年的時候，全世界有 1/3 的人居住在地中海沿岸；1/3 的人居住在中國；另外 1/3 的人散布在世界各地，所以形成這樣兩大星空體系就不足為奇了。

中國星座的創立、使用目的很單純，主要用於君國占星，為皇朝國事占吉避凶。到了清代，受西方近代天文學的影響，又在南天增加了一些星宮，舊有星宮也出現不少增星，但沒有改變原有的體系，也就無法適應現代天文學的需

求，終於隨著封建社會的結束而成為歷史，最後被翻譯過來的現代西方星座所代替。

對於西方的星空系統，天文學的部分我們將在辨識星空的講解中介紹。這裡主要探討演化成占星術符號的「黃道十二星座」，它的來歷、演變以及是怎樣被賦予占星術意義的。

關於星座起源問題，地點大家都認同來自兩河流域。但是，最早是什麼人，在什麼情況下「創造」出來的？又是怎樣被應用的？一直以來大致有三種說法：一是「牧羊人」在玩「連連看」；二是說巴比倫王國的宰相為了加強國王的統治而編的神話故事；三是認為兩河流域進入農業文明初期時，是透過辨識星座（星空）來指導農牧業生產的，是最早的曆法。

1.1.1 來自於原始的聯想

「連連看」的遊戲相信大家都玩過，很輕鬆，並不需要多動腦筋。一開始是把一些相同的「東西」連在一起，產生一定的結果。等級高一些了，就可以把一些「相似的」、能產生抽象聯想的連起來。我們也可以這樣子設想發生在 4,000 年以前「迦勒底人」的「連連看」——一個放了一整天羊（牛）的牧童，有點疲憊地躺在草地上，不經意地注視著頭頂的星空。一天又一天，他逐漸對天上一閃一閃的星星熟悉了起

來，哎，這幾顆星星聚在一起像個「羊角」呀！那幾顆星星連起來多像是螃蟹……他把這些東西告訴「小夥伴」，相互比較、競爭，再爭取到成年人的幫助……再遇到有心人，而且是有想像力，也有「藝術」才能的人，逐漸將天上出現的最「顯眼」的星星都有「組織」地連了起來。

這讓我想起一件事情，幫學生上天文學課時，為了讓他們熟悉星空，要先講星座，讓他們熟悉星座，進而熟悉星空。當時為了培養他們觀察星空（星座）的積極性，就留了一個作業，讓他們像 4,000 年前的牧童一樣，抽空去躺在草坪上看天空「連連看」，發揮大學生的想像力，看看能否創造出幾個漂亮的星座來。效果也是有的，交上來的有「愛心座」、「花瓶座」（見圖 1.2），甚至也有頗具「國學」色彩的「硯臺座」。但是，也有 1/3 左右的同學命名的是「三角座」，就是隨意地把天上的三顆星連起來，這太懶惰啦！後來一想，只是讓他們去「連星座」，他們連起來的東西並沒有任何的作用，他們的興趣當然不會太大。所以，我在想，牧童的「連連看」極有可能是最早的產生「星座」的想法和做法，但只是初級階段，後面的兩種星座起源的說法才更有實用性。

圖 1.2 極具聯想的「愛心座」和「花瓶座」

1.1.2 巴比倫國王和宰相的「陰謀」

中國古代的占星術可以說只有君國占星術一支，天像是只能為皇家服務的。尤其是古代人崇尚術數，喜歡玩弄權謀，所以對於不為一般人所知的「天象」，就更成為他們利用的對象。

五大行星中，金星由於亮度極高，非常受古人關注。因其五行屬金，所以代表皇族，也帶有兵戈殺伐的氣息。

西元 626 年，正值唐朝初年。六月初一和初三這兩天，人們在白晝看到了金星在南天正中閃耀，此天象稱為「太白經天」（見圖 1.3）。「太白經天」是指金星運行到了天頂，也就是金星軌道的最高點。由於它是「地內行星」，所以在早晨和傍晚都能看到。在古代，金星早晨見於東方叫「啟明（星）」，傍晚位於西方叫「長庚（星）」，《詩經》上說：「東有啟明，西有長庚。」據說「太白金星」是玉皇大帝的特使，

負責傳達各種命令，被封為武神，掌管戰爭之事，主殺伐。
太白就是金星，「經天」就是在中天。而那幾日的金星，白天
也能被看到。在古人眼裡，金星是想要與太陽爭輝，這意味
著當權者即將更迭。

圖 1.3 太白經天

果不其然，兩次太白經天後的第二天，秦王李世民發動
「玄武門之變」，射殺太子李建成和齊王李元吉。三天後，秦
王被立為太子，全盤接手軍政大權。兩個月後，李淵正式傳
位給李世民。

實際上，「太白經天」並不十分罕見。只要是金星離太陽
不是很近，沒有被太陽的光輝淹沒，並且天空足夠晴朗，幾
乎每天都能在白晝（尤其晨昏時）看到金星。只是，啟明、長
庚大都伴隨太陽左右，出現在距地平線不遠的低角度天區。

要看到它高掛南天，除了與太陽（角）距離足夠遠，還需要天氣、光照和空氣品質很「配合」才行。

至於吉凶，其實從不同角度可以有不同說法。對於李建成和李淵來說，太白經天當然是凶兆，但對李世民和大唐國運而言則未必。不過，要說刀兵飲血、兄弟相殘這種事，不論誰輸誰贏，總歸是「凶」。

中國第一位女皇帝武則天，也十分懂得利用天象。她的名字叫「武媚」，這是唐太宗李世民賜予她的（古代女子沒有名字）。「則天」是她的後代對她的尊稱，她為自己取的名字叫「曌」，讀音為「照」，取「日月懸空，普照大地」之義，因此也叫武曌。據說這個「曌」字還是她首創的呢！可見其用心良苦。她登基的日子，特意選定為重陽節，九九重陽、日月同輝。

實際上，這樣的事情在人類歷史上是屢屢發生的。關於星座的起源，也是如此。據說 4,000 年前的巴比倫王朝的國王，發現他的統治有點不牢固了，而且天災人禍瀕臨。他就問計於他的宰相，當時連連看的遊戲已經玩了很久，許多星座都已經誕生。由於黃道是太陽每天經過的路徑，且地處北緯 30° 左右的兩河流域，黃道帶的星群最容易被觀察到，所以最早產生的就是所謂的黃道星座。由於當時是農牧業社會，黃道星座就被聯想到許多的動物，如白羊、金牛等，也有一些被看成怪物的東西，比如天蠍、巨蟹等。在當時的社會，

這些星座是很受重視、很深入人心的。宰相就很聰明地利用了這一點，據說，他找來寫手編寫了十個神話故事，把天災、人禍的事情都編了進去，故事裡面針對這些壞人壞事，出現了一個英雄，他當然就是國王的化身，帶領他的臣民奮起抗爭，節節勝利，克服了種種困難，使得國泰民安。當然臣民們就會相當信任他、跟隨他。這也是最早的關於黃道星座的神話故事。

1.1.3 曆法

相對於連連看和宰相編的故事，我們更願意相信星座的產生是社會發展的需求，是最早的曆法。比如，人類最早的有系統的曆法就是觀察星星而制定的「天狼星曆」。而且，讓我們對照一下「黃道十二星座」，和中國專門為農牧業生產而設置的「二十四節氣」所相對應的時間（見圖 1.4），這就相當清楚了。

白羊座對應的是春分、清明、穀雨，大致是 3 月 20 日到 4 月 20 日。二十四節氣的解釋是：春天開始，天氣逐漸轉暖。草木繁茂，雨水增多，大大有利於穀類作物的生長。兩河流域和中國的黃河 —— 長江的「兩河流域」地理位置接近，文明程度也近似，所以農牧業生產的週期也應該比較相同。白羊座的標記像是小羊羔，「草木繁茂」正好有利於放牧。而這個標記也可以說成是「小秧苗」，春耕春種開始了。

圖 1.4 「黃道十二星座」和「二十四節氣」對照圖

金牛座對應的是穀雨、立夏、小滿，大致是 4 月 20 日到 5 月 21 日之間。在中國，穀類作物加快生長，夏熟作物的籽粒開始灌漿飽滿，同時，田地裡也會雜草叢生，需要耕牛去耕地。巴比倫人也應該如此吧。

接下來的雙子座，很多故事都在講什麼「孿生兄弟」多麼團結，多麼相互關愛等。可是對照我們的「二十四節氣」，是小滿、芒種、夏至，也就是 5 月 21 日到 6 月 21 日之間，那時候，麥類等有芒作物成熟，夏種開始。田地裡那麼忙，不需要「小夥子」這樣的年輕力壯的勞力嗎？而且是一個不夠，兩個很好，越多越好。

巨蟹座對應的是夏至、小暑、大暑，6 月 21 日到 7 月 23 日之間。天氣最熱，人們需要像螃蟹縮進殼裡一樣休息？可能不是這樣，最好的解釋應該是，那個時候太陽的高度最高，夏至的前一日、後一日，太陽都會在天上「上下」行進，而古代人們能量的唯一來源就是太陽，大家當然不願意太陽高度慢慢地降低了，太陽最好可以像螃蟹一樣在夏至的最高點的天空「橫著走」，永遠不下來。這一點，從美洲考古發現的「栓日石（椿）」（見圖 1.5）也可以得到解釋。栓日石（椿），字面意義是用來綁住太陽。它會在印加人舉行冬至（南半球太陽最高點的一天）儀式時派上用場。一名祭司會在儀式進行期間將太陽綁在這塊石頭上，以避免太陽從此消失不見（逐日降低高度）。現位於秘魯的印加人的「天空之城」——馬丘比丘（Machu Picchu）。栓日石旁邊有一個唯一的凸出角，它對的是正北方，栓日石上面的一塊豎著的石頭，它的四個角對的正好是東南西北。對著北南西方向都有山峰，而東面沒有，因為太陽要照進來，印加人在「天空之城」迎接東方的太陽，所以怎麼能有山峰遮擋。

圖 1.5 栓日石

　　獅子座對應大暑、立秋、處暑，時間大致是 7 月 23 日到
8 月 23 日之間。這段時間還沒有理解得很清楚，需要獅子做
什麼？難道說夏種忙完了，清閒了，帶上獅子去打獵，或者
是去打獅子？不過，據說古埃及人是把獅子當作「看門狗」
來用的，比如，巨大的「看門狗」——獅身人面像。

　　室女座對應處暑、白露、秋分，時間大致是 8 月 23 日到
9 月 23 日之間。這個似乎很清楚，室女座的女神就是西方的
農業女神，巴比倫人也是用她來提醒我們豐收了，該開始儲
藏了。在西方，少女一直是代表著「豐收」和「希望」的。

　　天秤座對應秋分、寒露、霜降，時間大致是 9 月 23 日到
10 月 23 日之間。天氣漸漸地涼了，大家一起分辛勤收穫的
果實，準備過冬吧。

天蠍座對應霜降、立冬、小雪，時間大致是 10 月 23 日到 11 月 22 日之間。下霜了，雪也跟著下來了。人們大都開始減少戶外活動了，據說天蠍的形象類似男性生殖器，是不是人們開始在室內造人啦。

射手座對應小雪、大雪、冬至，時間大致是 11 月 22 日到 12 月 22 日之間。這是很冷的時候，據說代表射手座的神是宙斯，善於思考，永無止境。好吧，寒冷的冬天，我們的理想和未來也只能處於思考的階段。

摩羯座對應冬至、小寒、大寒，時間大致是 12 月 22 日到次年 1 月 20 日之間。大寒為一年中最冷的時候。可是過了這一天不就開始越來越暖和了嗎？西方摩羯座的形象是山羊頭加魚尾，意味著猶豫中向前，不就是象徵著氣候、曆法嗎！

寶瓶座對應大寒、立春、雨水，時間大致是 1 月 20 日到 2 月 18 日之間。有詩句就說：「春江水暖鴨先知。」看看寶瓶座的符號，是水波紋，不也是說水裡有動靜了嗎？

雙魚座對應雨水、驚蟄、春分，時間大致是 2 月 18 日到 3 月 20 日之間。現代西方解釋雙魚座說是「愛神」和「美神」母女兩個的化身，這恐怕是後來的解釋。二十四節氣裡講，驚蟄 —— 春雷乍動，驚醒了蟄伏在土壤中冬眠的動物，不是也驚到水裡的魚兒了嗎？

所以，經以上分析、判斷，最早的「黃道十二星座」應

該是一種非文字的、實用性的曆法。我們再來看看「黃道
十二星座」的代表符號，可能更能讓我們體會到最早的「黃
道十二星座」的實用性。

1.1.4 「黃道十二星座」是符號象徵

在套書第一冊《天與人的對話》中我們提到過，占星術就是一種符號象徵。這一點從占星師們對十大行星所賦予的角色扮演中已經了解到了。再回憶一下占星術的框架，行星 —— 星座 —— 宮位。現在該是時候討論星座和宮位的角色扮演了，不過，占星術中只討論黃道星座，也就是所謂的「黃道十二星座（宮）」。注意，這時候它們都已經失去了天文學的意義，或者是說，它們只具有占星師們所賦予它們的「天文學」意義。

白羊座

白羊座符號象徵著新的開始。符號能量代表控制。象徵是一頭公羊，也可以詮釋成公羊的角和鼻子。白羊座始於春季的第一天（北半球），象徵一個新的開始。一棵新生的綠芽，表現出大地的新生和社會欣欣向榮的景象。

圖 1.6 白羊座的標記和星座圖

▸ **優點**：充滿希望（春天）、和藹可親（羊）、行動力、活力充
　沛、誠心誠意、天生有才、勇敢。

▸ **缺點**：稚拙（小羊）、剛愎自用、性急、好戰、沒耐心。

「白羊人」性格勇敢直率，是一隻敢作敢為的小白羊。看
看下面的幽默故事，似乎還是有那麼點意思的。

小故事

5 歲的白羊愛看國防教育節目，迷上了戰鬥飛機，情不
自禁地高喊：「看！將來我一定要有一架！」爸爸面對
這種問題的回答永遠是：「只要我活著就不行。」一天，
白羊正跟朋友談話，一架戰鬥機橫空飛過，他興奮地指
著大叫：「看！我要買一架一等我老爸一死我就買。」一
到底是素有「戰神」之稱的白羊，興趣愛好夠暴力，所
說的話也真是非常直接。

金牛座

金牛座符號象徵著力量。符號能量代表擁有。星座符號
中的圓形代表著太陽的出現，因為「擁有」，所以金牛在黃道
十二宮中代表「金錢」，它們外表溫馴，但內心充滿欲望。在
古代，農夫播種之前都用牛來耕田犁地，因此它也是收入和
報酬的代號。

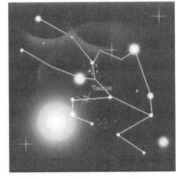

圖 1.7 金牛座的標記和星座圖

▸ **優點**：浪漫（圓臉）、決斷能力強（牛角）、邏輯性思考、勤勉（牛）、靈巧、熱心、忍耐力、超強的藝術天賦。

▸ **缺點**：偏見、依賴、死腦筋、求勝心太強、固執（公牛）。

「金牛人」能持家、內心充滿願望又要顧全自己。

小故事

賣瓜小販：「快來吃西瓜，不甜不要錢！」飢渴的牛牛：「哇！太好了，老闆，來個不甜的！」

雙子座

雙子座符號象徵著多面性。符號能量代表掌握。雙子座的星座符號是像 II 的兩根平行直線，兩頭再以兩根較短的橫條封口，代表著兩顆永不分離的孿生星星，常被看成正反兩面的象徵，譬如對與錯、施與受、教與學等。雙子座掌管教育，負責各種傳播和溝通。

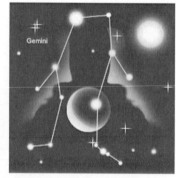

圖 1.8 雙子座的標記和星座圖

▶ 優點：多樣性（兩個）、洞察力強、開朗、反應機智、演技佳、心胸寬大、有魅力、善變。

▶ 缺點：臨時抱佛腳、性格不定、雙重人格（兩個）、投機取巧、八卦、沒恆心。

「雙子人」自我意識強烈、具有獨立思考的能力。

小故事

媽媽叫雙雙起床：「快點起來！公雞都叫好幾遍了！」
雙雙說：「公雞叫和我有什麼關係？我又不是母雞！」

巨蟹座

巨蟹座符號象徵著堅強。符號能量代表熱情。巨蟹座的星座符號就像是一隻頂著硬殼的可愛小螃蟹橫行的模樣，有些占星師則認為，巨蟹座的星座符號像是兩隻對峙的小螃蟹。巨蟹座掌管的是與房屋有關的事情，像是房地產、銀行、房貸等。「巨蟹」人外表冷漠，內心充滿善意和溫情，總是會適當地釋放出來。

  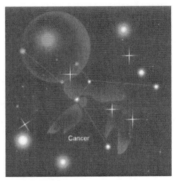

圖 1.9 巨蟹座的標記和星座圖

▸ **優點**：第六感、主觀、反應佳、想像力、慎重、執著、毅力。
▸ **缺點**：情慾、貪婪、占有欲、敏感、情緒化、無主見。

「巨蟹人」有很強的依戀感，有戀母（父）情結。

獅子座

獅子座符號象徵著權力。符號能量代表清醒。它的符號簡單,最好辨認,就是一條獅子尾巴,獅子座掌管著運動、休閒等各種娛樂項目,由於是萬獸之王,獅子座代表著人類不斷地嘗試表達自己,並且發掘自己潛在本質的能力,因此獅子星座會表現出一種慷慨、高貴的氣質。

圖 1.10 獅子座的標記和星座圖

- ▶ 優點：自尊心強、慈善、迷戀權力、善思考、保護他人、有忠誠心、熱情。
- ▶ 缺點：傲慢（王）、虛榮心、放縱、浪費、任性、自我滿足。

「獅子人」自我感覺良好，不在乎旁人眼光。

> ### 小故事
>
> 獅獅去參加奶奶的壽宴。到了吃壽桃的時間，獅獅問：「我們為什麼要吃這種像屁股一樣的壽桃？」眾人聽了臉色大變。接著獅獅掰開壽桃，看看裡面的豆沙，說：「奶奶，快看！裡面還有大便！」眾人暈的暈，吐的吐。

室女座

　　室女座（處女座）符號象徵著神祕。符號能量代表分析。它的符號很難懂，與天蠍座符號十分相似，差別只是室女座符號上加上一個倒「v」。占星師認為，室女座的符號，就像是一位手持一串穀物的室女，而她手中的每一粒穀物，都象徵著由田野中所收穫的智慧果實。室女座代表著健康，它掌管藥劑學，同時也是統計學和勞動力的代表。

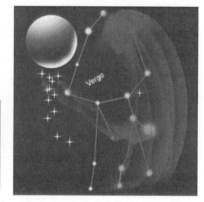

圖 1.11 室女座的標記和星座圖

▸ **優點**：行事有條理、服務好、鑑賞力強、完美主義、謙虛、頭腦清晰、務實。

▸ **缺點**：挑剔、媚於俗世、不善表達（矜持）、好管閒事、拘泥。

「室女人」好奇心強且又追求完美。

小故事

處處對肚臍很好奇，就問爸爸。爸爸把臍帶連著胎兒與母體的道理簡單地講了一下，說：「嬰兒離開母體之後，醫生把臍帶剪斷，並打了一個結，後來就成了肚臍。」處處問：「那醫生為什麼不打個蝴蝶結呢？」

天秤座

天秤座符號象徵著平衡。符號能量代表衡量。星座符號可以說是令人一目瞭然，一看就知道是一把四平八穩的秤

（天平），追求的就是如何取得兩方平衡的天秤，在黃道十二宮中，天秤代表著公平和正義，掌管著一個國家的法律還有外交的問題，因此天秤座是絕對要求平衡的星座，在平衡中必須公正，天秤座同時也具有謙和有禮的特性。

圖 1.12 天秤座的標記和星座圖

▶ **優點**：理想主義、公正、追求、社交手腕強（外交）、審美觀強、有魅力、藝術力強、美麗、善良。
▶ **缺點**：誘惑、猶豫不決（平衡）、自戀、愛美、敷衍、隨心所欲、懶惰、愛表現。

「天秤人」聰明，能權衡利弊。

小故事

父親對天天說：「今天不要上學了，昨晚你媽生了兩個弟弟。你跟老師說一下就行了。」天天卻回答：「爸爸，我只說生了一個；另一個，我想留著下星期不想上學時再說。」

天蠍座

天蠍座符號象徵著豐富。符號能量代表直覺。星座符號看起來就像是一隻翹著尾巴的毒蠍子，但在許多西方占星師的眼中，天蠍座的符號其實是蛇，因為蛇在上古時代即被視做智慧和罪惡的象徵，眾所皆知的是，人類的始祖亞當、夏娃被驅逐出伊甸園的主要原因就是受了蛇的引誘，吃下智慧果鑄成大錯。

圖 1.13 天蠍座的標記和星座圖

- ▶ **優點**：神祕、理性、獨立、直覺、規律、奉獻、觀察力、有魅力、冥想。
- ▶ **缺點**：多疑、狂熱、複雜、過於主動、占有欲強、極端。

「天蠍人」很難讓人搞懂，經常是不按常理出牌。

小故事

蠍蠍剛睡著，就被蚊子叮了一口。他起來趕蚊子，卻怎麼也趕不出去。沒辦法，便指著蚊子說：「好吧，你不出去我出去！」邊說邊出了房間，把門用力關上得意地說：「哼！我今晚不進房間，非把你餓死不可！」

射手座

射手座符號象徵著坦誠。符號能量代表思考。它的符號象徵射手的箭，回到了象形的簡單形式；射手座的神話告訴我們射手座有智慧、愛好自由。射手的原型是拿弓箭的射手，下半身的馬象徵追求絕對自由，上半身的人象徵知識和智慧，而手中的箭，則表現出射手的攻擊性和傷人的一面。

圖 1.14 射手座的標記和星座圖

▶ **優點**：理性、勇敢、細心、創造力、活潑、廉恥心、熱心、可愛、樂觀。

▸ 缺點：丟三落四、糊塗、草率、花心（丘比特）、粗心、不守信用、溫柔。

「射手人」喜歡思考。

小故事

射射問：「爸爸，為什麼你有那麼多白頭髮？」爸爸說：「因為你不乖，所以爸爸有好多白頭髮啊。」射射：「……」（疑惑中）射射：「那為什麼爺爺全部都是白頭髮？」爸爸：！＠＃＄％ㄟ＆＊！（……

摩羯座

摩羯座符號象徵著堅韌。符號能量代表放鬆。星座符號像是一筆畫出山羊外形特徵的一種古代象形文字，骨瘦如柴的身軀，卻有攀登絕壁那堅強的意志忍耐力，代表認真踏實的個性，而符號中有著山羊的頭和鬍鬚。其實摩羯座代表的就是山羊，而山羊本來就是一種個性非常強韌，且刻苦耐勞的動物。

圖 1.15 摩羯座的標記和星座圖

▶ **優點**：優越、聰明、實際、野心、可靠、不屈不撓（山羊）、心胸寬大、樂觀。

▶ **缺點**：頑固、暴躁、享樂主義、孤獨、不靈活、疑神疑鬼。

「摩羯人」很明白現實，懶得做出改變。

小故事

一天，羯羯跟媽媽去逛街。走在路上，突然下起雨來。
媽媽拉起羯羯的小手，說：「下雨了，快往前跑啊！」
羯羯慢條斯理地問：「那前面就不下雨了？」

寶瓶座

寶瓶座符號象徵著智慧。符號能量代表堅持。符號象徵著水和空氣的波，是具象但又抽象的；由寶瓶座的神話中，可以看出寶瓶座的愛好自由和個人主義。象徵寶瓶座的波，是高度知性的代表，由波的特性去思考寶瓶座的特質，看似有規律但沒有具體的形象，是一個不可預測的星座。

圖 1.16 寶瓶座的標記和星座圖

▸ **優點**：獨創力強、寬容、有理想、先見之明、友愛、慈善、獨立。

▸ **缺點**：善變、不服從、自由主義（流動）、貿然行動、無遠慮、叛逆、令人猜不透。

「寶瓶人」是天生的另類，腦筋思考永遠和常人不一樣。

小故事

地理考試時，老師要學生簡略描述下列各地：阿拉伯、新加坡、好望角、羅馬、名古屋、澳門。其中小寶瓶這樣寫：從前有個老公公，大家叫他阿拉伯，一天他出去爬山，當他爬到新加坡的時候，突然看見一隻頭上長著好望角的羅馬直衝過來，嚇得他拔腿跑進名古屋，趕緊關上澳門。一另類吧！寶瓶和他的好友雙子一樣是絕對不會交白卷的，即使不知道答案，憑他的頂級創造力和想像力，其答案也肯定有「語不驚人死不休」的效果。

雙魚座

雙魚座符號象徵著複雜。符號能量代表信心。它的星座符號是兩道新月形的弧，中間通過一道直線將它們串聯起來，看起來就像是兩條綁在一起的魚，一條往上游去，另一條則向下游，完全背道而馳卻因中間的一線相連，無論怎麼拚命，結果還是無法分離，反而讓自己身心俱疲、矛盾不已，這正好明顯地點出雙魚座天生的雙重個性。

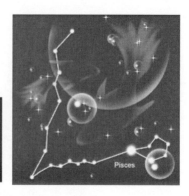

圖 1.17 雙魚座的標記和星座圖

▸ **優點**：自覺、唯美的、柏拉圖式的愛、幻想、犧牲、奉獻、善良、好脾氣。

▸ **缺點**：畏縮、逃避困難、感傷、優柔寡斷、意志薄弱、不現實。

「雙魚人」富含同情心，但是也有點不分情況和對象。

小故事

爸爸和魚魚講小時候經常挨餓的事。聽完後，魚魚兩眼含淚，十分同情地問：「哦，爸爸，你是因為沒飯吃才來我們家的嗎？」

1.2 星座按屬性分類

　　歷代的占星師們為星座和宮位賦予了屬性。但是，僅僅依靠星座符號，或者太陽經過星座的時間去賦予、判斷性格，就顯得太直觀、太單薄了，似乎神祕色彩也不夠濃厚。這豈不是「糟蹋」了那些「高大上」的天體。而且，隨著社會的發展和人們的需求，占星術也需要不斷地與時俱進，並自我形成體系。所以就有了結合「陰陽學說」的星座二分法，也就是將十二星座交替分為陽性陰性各六個星座；結合季節將十二星座分為四組（春夏秋冬）三種（主動、不動、被動）的三分法；四分法則是按照西方的物質構成理論，將十二星座按照火土風水屬性分類。這樣下來會使得星座能夠被賦予更多、更廣的含義。

1.2.1 陰陽屬性的星座二分法

　　「陰陽」（見圖 1.18）是中國哲學的最基本範疇。古往今來，中國人常用「陰陽」來解釋種種事情，判斷各種行為。它與中國文化的各方面都有連繫。當然，作為反映自然界的基本屬性的「陰陽」，自然也是西方社會、人文的基本理念。

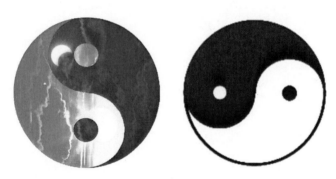

圖 1.18 陰陽太極圖，白中黑點表示陽中有陰，黑中白點表示陰中有陽

　　早期的陰陽，最初的意思非常簡單，分別指太陽照到和沒照到：陽就是有太陽，晴天；陰就是沒有太陽，陰天。後來，漸漸地被用來描述大地，說大地也有「陰陽」，比如山南為陽，山北為陰。可見，陰陽的早期含義就是對天地現象，或者說是最簡單的自然現象的描述，沒有任何哲學思維，神祕思想。

　　隨著文化、哲學的發展，陰陽的內涵日益抽象化。陰陽可以指天上的兩種現象，地上的兩種現象，甚至於天地之間的白晝和黑夜。也就是說，陰陽既可以表示時間，也可以表示空間。請注意這裡的陰陽是無形無象，介於虛實之間的東西。它沒有形狀，你不能說陰陽是扁的還是圓的；它也是不可觸摸的，它是有「象」的。形與象的不同在於前者更具體一些；後者更抽象一些。比如一個地方背陰，「背陰」只能是象，不能是形，形必須是長的或方的或圓的。陰天也是如

此，只是一種現象沒有固定的形狀和大小。所以，陰陽介於虛實之間。

星座的二分法，其實就是強調一件事情的陰、陽兩面。占星術認為，十二個星座中，其實是有六個能量點，佐以一陰一陽的對稱性發展，形成了十二個星座，每一對星座都互相含有「對宮」的隱藏性特色（類似於五行的相生相剋），而這也反映了這個宇宙的實像；任何對立的事物間，都有其共通的本質。

例如，白羊與天秤本質一致而發展相反，但相反之中又相輔相成，也有邏輯上的共通性。天秤太強會變成白羊，白羊太強也會變成天秤，用華人的思考方式而言，就是物極必反。同樣的情況也發生在金牛與天蠍、雙子與射手、巨蟹與摩羯、獅子與寶瓶、室女與雙魚之間。

所以，我們知道每一個星座都隱含了本身的兩種變化和對宮的兩種變化，因此可能會有四種變化。舉例而言，白羊座的兩個變化和天秤座的兩個變化，都可能發生在白羊座的生命現象中，當然也可能發生在天秤座的生命現象中。

陽性星座：性格上會出現積極、主動、樂觀、進取等陽性的特徵。包括白羊、雙子、獅子、天秤、射手、寶瓶六個星座。

陰性星座：性格上會呈現出消極、被動、悲觀、內斂等陰性的特質。包括金牛、巨蟹、室女、天蠍、摩羯、雙魚六個星座。

1.2.2 季節屬性的星座三分法

星座的三分法是占星術為星座賦予的「季節」屬性，也就是將十二個星座按照春夏秋冬四季，分為四個三星座小組（基本星座、固定星座、變動星座，見表1.1）。

	春季	夏季	秋季	冬季	性質
基本星座（開頭）	白羊座	巨蟹座	天秤座	摩羯座	開創
固定星座（中間）	金牛座	獅子座	天蠍座	寶瓶座	堅持
變動星座（結尾）	雙子座	室女座	射手座	雙魚座	變動

表1.1 星座三分法的四個星座小組

白羊、巨蟹、天秤、摩羯是每個季節中的基本星座。也就是每個季節的起點，正是黃道正東、正南、正西、正北的位置，也代表中國二十四節氣的二分二至，白羊代表春分、巨蟹代表夏至、天秤代表秋分、摩羯代表冬至。

金牛、獅子、天蠍、寶瓶是每個季節中的固定星座。對應每個季節的中間階段，相當於二十四節氣的穀雨（金牛）、大暑（獅子）、霜降（天蠍）、大寒（寶瓶）。

雙子、室女、射手、雙魚是每個季節中的變動星座。是每個季節的結尾，相當於二十四節氣的雨水（雙魚）、小滿（雙子）、處暑（室女）、小雪（射手）。

星座的三分法就是在「敘述」一件事情的三個階段，第

一個階段為開創性，由基本星座來負責。所謂開創性，就是一件事情以前可能沒人做過，就由基本星座負責開創，在沒有門的牆壁上打開一道門來，在遍野荊棘中重新開出一條路來，所以需要有勇氣的領導者。

在基本星座的領導者殺出一條血路之後，就必須有人負責組織發展事宜，這時勇於開創的基本星座可能就不能勝任了，必須由有恆心毅力的固定星座來負責整體發展，推動很煩瑣的業務。固定星座雖然不具備創造雄主的條件，但有守成或持續壯大等特長，可以擔負重大責任。

變動星座則處於第三階段，如何依環境變化而轉型，結束舊的事件，並指出新的方向，至於新的方向究竟是由誰來執行，當然還是需要基本星座的人。

所以基本星座、固定星座和變動星座的三分法，其實是指出了任何一件事情的流程中，都需要有開創性的人才、整體發展的人才，以及研究企劃的人才。這三種人各自在不同的時空擔任重要角色，缺一不可。根據這些特性，占星術為他們分別賦予了占星屬性。

基本星座（白羊、巨蟹、天秤、摩羯），他們是誕生者，幾乎都具有勇於行動的共同特性，他們比較喜歡指揮別人，希望自己居於領導地位，別人要領導他們很難，要改變他們的意見更難。由於他們的行動性強，對事情的推動或開創都有很大的貢獻。但這些人較缺少耐性，所以在做決策時往往

太倉促，行動是他們最本能的反應，即使素以溫和見稱的巨蟹座也是如此。此種人比較具有實際行動的能力，能創建構想，往往要做到影響周圍的一切，並將理想完整地展現出來，方肯罷休。

基本星座凡事喜歡開頭，卻無力收尾。個性的特色是積極、野心、熱情、獨立，但也會流於性急、貪婪、專制、魯莽。若個人天宮圖中，並無行星落在基本星座之中，則此人的性格會缺乏基本星座的特質，也就是說，凡是行動、積極、野心、開創、熱切的性格，都看不到，難以擔當領導者重任，甚至有自怨自艾的想法，所做的事沒有一件是對的。

固定星座（金牛、獅子、天蠍、寶瓶）是守護者，性格上比較固執，比較不願意接受變化，情緒都比較強烈，整個人生的行為都和情緒有密切關係，滿意 —— 興奮 —— 完成 —— 堅持 —— 喜樂，如此循環不已。對事物的看法喜作二分式 —— 好人或壞人，喜歡或討厭，要或不要，黑或白，因此也比較難以協商、溝通或談判。優點是有恆心，堅韌不拔。此種人積極而具有可靠性，步步堅實地營造成功。出生在這類星座的人，天生似乎就是要維持這個世界平穩的經營，就像太陽平穩地運行一樣。有情願重複同樣經驗的傾向，無論是日常的例行工作或者生命中重要的事情，都能接受它的一再重複，而不感到厭煩。

固定星座可以顯現對人的影響，也能突顯個性：堅決、

穩定、固執、記憶力良好，這種人的動作雖緩慢，但能持之以恆，態度明朗，堅定可信賴，不易中途變節。但缺點是以自我為中心，極為頑固，觀點難以改變。如果個人天宮圖中並無行星落入固定星座，那麼在性格上會缺乏恆心與耐力，空有想法而無實行能力，個性不穩定，胸無主見，缺乏責任感。這種人思考方式較靈活，生活上不會陷入以往的傷痛中，人生負擔比較小，也許這樣會活得快樂些。

變動星座（雙子、室女、射手、雙魚）是改變者。比較聰明，反應比較快，讀書成績名列前茅，但他們喜歡跟著潮流走，觀念總是新而易變，重視不同意見的整合，所以在性格上也比較隨和，情緒不會太強烈，凡事也總有伸縮性。但由於這些人的觀念比較求新求變，所以給人不穩定、不可靠的感覺。他們很容易過一段時間，就向別人標榜一種新事物、新觀念或新的生活方式，或者是對以前所支持推崇的事物，又開始懷疑和反對。此種人性喜排除屬於古老過時的一切，而想創立新的一切，對事物的內在含義感興趣，並由經驗、世間的現象收集成個人的智慧。

變動星座對人格的影響上，代表完成及計劃。這些星座的人是多樣化的，適應能力強、易變、敏感，富有同情心和有直覺能力。他們能夠迅速地吸收新資訊和新觀念，缺點是容易變得狡猾、善變和依賴。這種人思想上比較屬於單面向，而且會要求別人遵照他自己的標準，不在意他人的眼

光，不管是特立獨行或標新立異。總之，他要做真正的自己，不想迎合別人，所以生活過得特別有自信或特別自由自在。如果個人天宮圖中，缺乏行星落入變動星座，那麼此人在性格上會少一點多元性、適應性及可變性。

1.2.3 物質屬性的星座四分法

從占星術的眼光看世界，這個世界就是由火土風水四個元素所組成的（見表 1.2）。不只是人的性格有這四種分類，每個人體內都有這四種元素，只是多寡比例不同而已。而且，任何事物從人的眼光看去，都是由火土風水四大元素組成的。例如一輛汽車，火象的部分代表了車體、馬力、速度；土象的部分代表了價值、材料、質感；風象的部分代表了設計、造型；水象的部分代表了感覺、歷史。又如一本書，火象的成分代表書的封面；土象的成分代表了書的材料、價值；風象的成分代表了書的內容、理念；水象的成分代表了書的感覺。對人的分析也是一樣，行動力強、肌肉發達的人可能火象星座的成分多；物欲重、實踐力強的人可能土象星座的成分多；愛講話、愛交朋友的人可能風象星座的成分多；重感情、直覺的人可能水象星座的成分多。

	第一組	第二組	第三組	關鍵字
火象星座	白羊座	獅子座	射手座	熱情
土象星座	金牛座	室女座	摩羯座	實際
風象星座	雙子座	天秤座	寶瓶座	靈活
水象星座	巨蟹座	天蠍座	雙魚座	情感

表 1.2 四分法星座分類

火象星座（白羊、獅子、射手）

火象星座屬性比較強烈的人，他們永遠有赤子之心，喜歡和年輕人在一起，比較喜歡當「老大」，個性也很慷慨，是個開創性人物、決策者。但在執行上，總是把細節留給別人，對於煩瑣的事，也總是不耐煩。在性格上，會有較樂觀、自信、熱誠、主動、進取的傾向。有理想、有運動家精神、視人生為一場競賽。此種人強調野心、剛愎的勇氣、猛烈的熱情，富有積極性，喜愛行動，以及渴望擁有領導權以便影響周遭的人。在金錢方面很難儲蓄。

白羊—我存在與我表現

白羊和誕生、存在、表現等屬性有關，任何堅持自我、表現自我、為自我生存而奮鬥的動力，皆來自於白羊座。白羊也跟第一名的表現有關，無論是第一或倒數第一、最好或

最壞，同樣引人注目。有人說白羊是自私的，在自我表現太超過的情形下會有這個問題出現，也就是總是先想到自己，然後考慮別人。

獅子—我勝利與我支配

獅子座表現主導能力，以及對整個情況的控制。和白羊座很像的是，都有唯我獨尊的表現欲，但是獅子座會把場面弄得歡樂和幽默一些，好像在慶祝一樣。因為獅子座要確定的是，他能夠掌握勝利的寶座，他是王，不僅是他自己認定這點，還要表現出來讓群眾認定這點，要群眾稱他為王才甘心。

射手—我提升與我自由

射手座是很有智慧的星座，其智慧近乎直覺。射手座代表燦爛後的反省能力，慶祝而不受限於慶祝，歡樂而不受限於歡樂，深刻的反省能力使他著重成長，而提升自己的心靈，以及讓自己的身體獲得自由，這些對他而言都是很重要的事。

土象星座（金牛、室女、摩羯）

土象星座屬性強烈的人，做事不會主動，但有始有終。性格上的優點是穩定、可信賴；缺點是有時會吹毛求疵、小

題大做。通常都顯得奮發、腳踏實地、實際而穩重，由於有這些特徵的緣故，特別適合踏實的工作。這種人一定較重視安全感，成長較慢，較保守及現實，做事總是小心謹慎、考慮周密，不太會揮霍，很重視家庭和朋友之情。他們很重視財產，有一點太愛錢，因此不喜歡浪費並且痛恨浪費，做不動產以及物質方面的事業較為合適。

金牛─我抓住你

任何執著和抓住的力量，主要都來自於金牛座，尤其是財產方面。金牛座為什麼要抓住呢？因為金牛座的力量是從感官和欲望而來的。我們身體的感官，是一種很真實的感覺，這裡有人欲，也有天理，而且是難以抗拒和擺脫的，金牛座就是從這裡出發，然後將人欲昇華為美感、天理。

室女─我分析

一切理智上的條分縷析的力量都來自室女座，這個星座能夠敏銳地分辨任何事物，包括分析物質和觀念的不同。為什麼要區分其不同處呢？主要是為了迅速判斷其優劣，找出缺點和優點。而一切事物經室女座分析之後，才能表達完美，才能取其精而汰其劣。

摩羯—我負責

　　負責的力量從摩羯座而來，負責的意思是為自己的遭遇和所作所為承擔後果，其背後更大的意義是：了解自己有無限的創造力。按部就班、徹底實行、面對困難、抗拒壓力，都是摩羯的特色。摩羯座也在抓東西，但摩羯抓的是「我的國度在地上而不在天上」，就是說，我的國度就是事業和成功形象；而死後永生或西方淨土對摩羯座而言，都是第二位的。

風象星座（雙子、天秤、寶瓶）

　　風象星座屬性強烈的人，一定較喜愛講話、溝通，或者語言能力較強，分析能力佳。凡事能條理化，思路清楚，好奇心較重，喜愛發問，適合當老師與新聞從業人員。此種人比較敏捷，腦子總是轉個不停，而且很容易緊張、很敏感。他們通常都是好人，但總把不常見面的好友忘得一乾二淨；擁有現學現賣的本領，路旁聽來的閒談經過他們的嘴一說，就好像是專家一樣；可以為了一個觀點和朋友爭辯不休，從圖書館辯論到操場，又從操場辯論到餐廳；思想觀念總是與時俱進，絕不落伍。

雙子—資訊學習

　　雙子主管資訊學習，任何新事物的來源都在雙子座，其代表吸收和學習新來的資訊，然後用比較簡化的方法，以及

別人能夠聽懂的溝通方式轉化出去。所以雙子這裡就好像是一個資訊過濾器，不斷地過濾資訊垃圾，所以此種人需要好的吸收和學習能力。

天秤—社交學習

雙子把資訊過濾之後，就交給了天秤座，天秤座要想辦法把這些資訊用在人的身上，尤其是用於改善人與人的關係。所有世界上的事情，在他們的想法裡都跟人有關，只要有兩個人以上，就會產生人際關係，而天秤座就是使盡吃奶的力氣，把所有的資訊都用在人際關係上，可以說是社交，也可以說是管理。

寶瓶—真理學習

寶瓶座和真理有關，與真理有關的人際關係就是人道，所以寶瓶座是人道主義者，這個星座重視人類共生共存所需要的一切原理和原則。另外，寶瓶這裡有很多創意，包括高科技，也包括哲學、人文方面，這些創意都是要幫助人類獲得新能量，或對人類社會有更長遠、更和平的規劃。因為寶瓶較接近宇宙真理的源頭，所以創意也就源源不絕而來。

水象星座（巨蟹、天蠍、雙魚）

水象星座屬性強烈的人，他們不是善變者，很有恆心和

毅力，但很難掌握新觀念，反應也比較慢，由於直覺很強，潛意識能夠察覺出誰是真正對他好，也能察覺出別人的要求，但是否願意符合這些要求就是另一回事了。此種人的一生中，最需要的是愛情和親情，較富有情緒及感情，內在的心情是他們人生各個階段的驅動力。生活方式對他們而言很重要，如果過著自己不喜歡的生活，會導致沮喪或長期臥病。

巨蟹－我記憶

巨蟹扮演的是我記憶的功能，小至回憶前兩天發生的事，大至任何回顧或歷史事件的研究，都和巨蟹座有關。為了要喚醒記憶，必須收集歷史文物，所以巨蟹也和古董店、博物館等有關。為什麼要記憶呢？唯有記憶才能讓我們了解萬事萬物本來的樣子，我們可能探討清朝、明朝、唐朝、漢朝，上溯史前，甚至人類的來源、生命的本源。透過記憶的方式，最後，我們才會了解，我們的本來是什麼，就是 ——所有的來源都是老天的愛。

天蠍－我覺悟

天蠍是宇宙最黑暗的地方，但也是最接近宇宙的核心力量，天蠍這裡有人生最悲慘的苦難，而且是永無止境的苦難。比如說，就像是佛教中的「無間地獄」在人間的辦事處。天蠍中雖有無盡的苦難，但會讓苦難中的眾生了解，創造苦

難的和創造淨土的力量是同一的，來源同一，但方向相反。如果你落入黑暗的深淵，也要知道，愈黑愈深力量也愈大，造苦得樂僅在一念之轉。這個一念之轉，就是覺悟，任何覺悟的現象，尤其是一念之間，苦樂頓判，包括禪宗的開悟破參，都從天蠍而來。

雙魚—我犧牲

雙魚這裡要處理一切的包容和犧牲，包容是不論好的壞的，犧牲是無條件的，不論價值的，只要有犧牲的場合就扮演犧牲的角色，不論犧牲的後果與犧牲的意義。這點只能說是模仿上天的慈悲，我們這個社會上有很多犧牲現象，有的是為慈善事業而犧牲，有的是惡勢力下的犧牲，有的重如泰山，有的輕如鴻毛，但每個犧牲的背後都是上天的慈悲。

1.2.4 星座的另類分法

除了傳統的二、三、四類分法之外，星座還有一些不太流行的「另類」分法。

(1) **人性星座**：雙子、室女、寶瓶、射手（前半段是人）。
(2) **獸性星座**：白羊、金牛、獅子、摩羯、射手（後半段是馬）。
(3) **四足星座**：白羊、金牛、獅子、射手、摩羯。
(4) **兩棲類星座**：寶瓶、摩羯（兩者都有水棲和陸地的要

素）。

(5) **雙元或雙體星座**：雙子、雙魚、射手有雙重內涵，如果天宮圖上它們位於十二宮中第五宮（與生殖有關）的頭位，易有雙胞胎；如在第十宮（與職位有關），常有兩種職業，很少從一而終；如為第二宮（與錢財有關），容易有多項賺錢來源。

(6) **沉默星座**：巨蟹、天蠍、雙魚皆為無聲星座，口語表達能力弱，如果水星落在這些位置，相對來說水星的正面力量就會較為薄弱。

(7) **有聲星座**：雙子、室女、寶瓶、射手（半人），皆能發聲、講話，故口語表達較強，溝通能力較強。其他獸性星座，如白羊、金牛、獅子也能發聲，但無法說話，類同於沉默星座的特性，但稍好一些。

(8) **荒地星座**：雙子、獅子、室女此三個星座稱為荒地星座，較不易生孩子。荒地星座懷孕機率較小，其次是射手、寶瓶為半荒地星座。

(9) **肥沃星座**：水象星座巨蟹、天蠍、雙魚等稱為肥沃星座，較容易生孩子。肥沃星座懷孕機率較高，其次金牛、天秤、摩羯稱為半肥沃星座。

(10) **命令星座**：白羊、金牛、雙子、巨蟹、獅子、室女等「北方星座」，由於太陽在較靠北緯時，其白天的時間比夜間長，陽大於陰具有支配之意，較易掌有實權。

(11) **服從星座**：天秤、天蠍、射手、摩羯、寶瓶、雙魚等「南方星座」，由於太陽在較靠南緯時，其白天的時間比

夜間短，陰大於陽，較為內斂，隱含較易服從之意，較易替人服務。

（12）**始入星座**：太陽週年視運動，每年在剛進入二分二至點時的星座，如白羊、巨蟹、天秤、巨蟹的 0°時，稱為始入，占星師通常按其始入時刻和首都所在地或用事地點的經、緯度起盤，用來論斷國運或時事。

寫完星座的各種分類，只想說一句話 —— 嘆為觀止！最後，結合上面星座的各種分類，我們還是為「黃道十二星座」做個總結吧。

白羊：陽性火象本位＝直覺、開始＝生命或直覺的勇氣；

金牛：陰性土象固定＝感官、過程＝唯物或感官的價值；

雙子：陽性風象變通＝思考、結果＝榮譽或思考的成長；

巨蟹：陰性水象本位＝幻想、開始＝依賴或幻想的勇氣；

獅子：陽性火象固定＝直覺、過程＝生命或直覺的價值；

室女：陰性土象變通＝感官、結果＝唯物或感官的成長；

天秤：陽性風象開始＝思考、開始＝榮譽或思考的勇氣；

天蠍：陰性水象固定＝幻想、過程＝依賴或幻想的價值；

射手：陽性火象變通＝直覺、結果＝生命或直覺的成長；

摩羯：陰性土象本位＝感官、開始＝唯物或感官的勇氣；

寶瓶：陽性風象固定＝思考、過程＝榮譽或思考的價值；

雙魚：陰性水象變通＝幻想、結果＝依賴或幻想的成長。

1.3 星座是一種娛樂性的符號文化

對於星座文化，有兩個現實的點，說出來恐怕不論是專家也好，普通大眾也罷，都會覺得詫異。那就是，第一，在臺灣盛行的十二星座的概念，在西方找不到相對應的直接引進的原版；第二，十二星座在西方已經被符號化了，就如臺灣人對待十二生肖的態度一樣。那麼，為什麼最初起源於西方的東西，反而現在東方比西方發展更加昌盛，更加流行呢？

東西結合的文化創造

目前臺灣流行的黃道十二星座，西方雖然沒有原版，但是它本身就是在西方占星術黃道十二星宮的框架基礎上加工而來的；而且，十二生肖的說法（見圖 1.19），算命的概念，在臺灣人的心目中是根深蒂固的，只不過是很多人覺得他們都已經過時了。所以，具有類似功能，又有著天體這樣華麗而有品味的包裝的黃道十二星座的出現，當然就符合了一部分臺灣人的胃口。

圖 1.19 中國的十二生肖和西方的黃道十二星座

神話與浪漫 —— 符號化的星座文化

星座本身作為一種唯心主義的東西，在倡導唯物主義思想的華人社會裡，其可信度本應受到質疑，傳播的力量也應該受到多重阻礙和約束，但事實並非如此。星座披上了娛樂的外衣，以一種文化的形式在年輕人族群中迅速傳播擴散開來。

同樣是按照時間來劃分所屬符號的文化，生肖是按照中國傳統的農曆年分來劃分，一個生肖符號代表農曆一年。但是現在臺灣通用的公曆記日方法主要依據西方的格里曆，這就讓使用農曆來記事的符號文化在傳播上帶來了不便。星座則適用於臺灣現行通用的曆法，而且主要以月分為劃分的依據，這種曆法使用的便利性，使得星座在傳播上比生肖更為通用。

另一方面，代表生肖屬相的符號大多數為農畜動物，生肖文化主要源自農業文明時代，是古人對在畜牧業有著重要

影響和貢獻的禽畜動物的一種祭祀與紀念，原本披著的那層神祕面紗早已被科學揭下。如今以生肖為代表的文化符號，其意義更多只是作為一種紀念和娛樂，這為從西方引進星座文化提供了生存空間。

1.3.1 星座的社會認同度

天上的星座及其名稱可以說是一種獨特的文化現象。由於恆星位置的相對固定，它們本身在天空就構成了一套潛在的符號系統，星座則是透過我們的劃分和命名將其具體化了。中國古代的三垣二十八宿傳統星官體系共有 283 星官，在晉朝就定型，一直沿用到清代封建王朝覆亡；而西方和現代則是以古希臘托勒密時代星座為主體，在歷史演變中形成了 88 星座體系。我們前面說過，脫胎於天文的黃道十二星座對應的就是西方占星術的黃道十二宮，它們只具備占星術的意義。因其特殊位置和作用，在隋朝時就隨佛教傳入中國。當時的翻譯也比較特別，也許更能讓我們體會出黃道十二星座的符號意義。

白羊譯為特羊（特羊指的就是「公」羊）；金牛譯為止（止在中文裡有「足」的意思）；雙子譯為男女或者陰陽（也可能是把雙子的兩個小人看錯性別了）；巨蟹和獅子都是直譯的；室女譯為雙女（意思是長了雙翅的女子）；天秤譯為秤，天蠍譯為蠍，也基本上都是直譯；射手譯為弓（突出了弓箭的作

用）；摩羯譯為摩竭是唯一的音譯，後來改為羯（一種被閹割過的羊）；寶瓶譯為水器；雙魚譯為魚。

東方的星座學說移植了西方星相學中十二宮的框架，並對應十二個階段的產生日期，抽取太陽星座的概念，用最簡單直白的形容詞，來定位和表述十二星座的人格特質、風格特點、個人喜好等，最終將十二星座符號化為一套完整的文化體系。星座學說還有更高階層的體系，囊括太陽星座、月亮星座、上升星座、十二宮、宮位、相位等完整的理論。

星座文化在華人社會的迅速傳播，符合傳播學中的創新擴散理論。該理論認為創新擴散傳播要包括四個元素：創新、時間、傳播管道和社會系統。

創新是指一種新思想、新產品、新服務或新過程。擴散是指創新經過一段時間，經由特定的管道，在某一社會團體成員中傳播的過程，它是一種特殊型的傳播。擴散研究則是社會中的創新成果，是如何為人知曉並能在社會體系中得到推廣的研究。一般只要被採用者認為是新觀念、新的行為方式或事物都可稱為創新。星座文化源於西方，對華人來說是一種新事物、一種新觀念，屬於創新，具備了擴散的條件。

1990 年代後，大眾媒介慢慢找到了星相學的普遍性、適應性內容和改良推廣的方法，開始挖掘這一文化現象背後的經濟效益。將星座與日常生活緊密結合起來，無孔不入地深入大眾生活的各方面（圖 1.20）。

圖 1.20 從飾品到日用品，星座產品應有盡有，琳瑯滿目

　　新世紀來臨後，伴隨網路媒體的迅速崛起，網路中星座迷們迅速集結並開始交流，星座文化抓住了青年族群，如大學生、上班族等，他們追星、追隨偶像，對新鮮事物容易接受，成為星座文化的追隨者。

　　說到星座文化擴散的社會系統。創新擴散理論指出，創新之所以可以得到擴散，依賴大環境的存在。星座文化在華人社會擴散的社會系統，可以從經濟環境和人文環境兩方面來看。

　　為了贏得消費者，星座文化挖掘了人性中更深層次和更豐富的內容，在商業利益的驅使下，推廣著一套星座與個性相關的信念，促使星座—個性—標誌產品的心理連結，從而促進了星座產品的熱銷。如今有星座標誌的產品琳瑯滿目，礦泉水、配飾、手機、家具，甚至連餐巾紙上都印有星座資訊，各種休閒娛樂場所更是將星座文化打造為休閒的一大亮點，從而獲得消費者的青睞。

從人文環境來看，華人一些根深蒂固的傳統觀念是星座文化在亞洲擴散的內部原因。一方面，星相學與華人傳統的金、木、水、火、土五行學說極為相似，只是推算方法不同而已。五行學說事先打下了深刻的文化烙印，這使得星座文化在華人社會的擴散傳播也有了濃厚的文化基礎。另一方面，「尊天認命」可以說是華人的傳統心態，華人的人生與生活，似乎與「天」和「命」難辨難分，社會傳統文化的浸潤，已經潛移默化地影響到個人的心理，尤其當他們遇到挫折和失敗、尋求心理慰藉的時候，星座文化正好為他們提供了這種心理需求。

1.3.2 特殊族群

星座文化之所以能迅速流行，一個是因為它代表了一種社會時尚；另一個就是它遇到了大學生這樣一種特殊的族群。

在社會心理學領域，時尚和流行作為集群行為研究，歷來受到廣泛的關注，時尚是指一定時期內相當多的人，對特定的趣味、語言、思想和行為等各種模型的跟隨和追求。時尚是社會上占有一定地位、金錢和閒暇時間的人對自己地位的一種表現和誇耀。時尚受社會文化的制約。民主社會有助於時尚的形成，兩種社會形態交錯的場合也容易形成時尚。在商業文化的推動下，現代交通和大眾傳媒的快速發展，也為時尚的傳播提供了可能性。此外，時尚還要有一定的經濟

基礎，所以時尚也是物質比較富裕社會的一種社會現象。因此，都市時尚必先於鄉村，中心城市必然優於偏遠城市。繁華都市範圍大、人口多、工商業發達、大眾媒體發達、人們思想比較開放，時尚傳播就比較迅速；反之，鄉村或偏遠城市，生活比較保守、風俗傳統影響較大、外界資訊輸入較少，時尚的傳播就比較慢。

青年期是一個特殊的時期，青年的智力和情緒的發展，思維和心理發展都有著自己的特點，青年是流行時尚的主體，又是傳媒影響的主要客體，所以青年期對於時尚的追求是不可避免的。青年期受生理、心理和社會三個因素的綜合影響，在生物性和社會性的成熟方面，由兒童向成人的過渡期，是個體向心發展的成熟期，是走向獨立生活的時期，是一個人開始獨立決定自己生活道路的時期。

發展心理學理論表明，青年面臨的主要發展障礙是獲得自我認同感 —— 對於「我是誰」、「我在社會中處於何處」、「我將要去向何方」的穩固和連貫知覺。由於當今社會多元化和教育的普及化，青年要自由選擇職業、朋友和戀愛對象，在父母的期待和同伴的壓力下，他們感觸到的多是困惑和迷失。所以克服青年發展的心理障礙，成功實現自我統合，對於個體一生的成長都至關重要。

大學生處於心理迅速發展並日益成熟的階段，星座文化正好滿足了他們關注自我、人際交往、緩解壓力和對未來好

奇探索的特點，再加上大學生思考能力尚未成熟，所以星座在大學校園裡廣為傳播，據調查 90% 以上的大學生都知道他們所屬的星座。研究顯示，大學生接觸星座文化，有其外部因素和內部因素，其外部因素主要是社會環境及自身生活環境的影響，內部因素則主要是大學生自身的心理發展特點。

大學生接觸星座文化的動機

大學生接觸星座文化主要是為了了解性格、愛情、職業、財運、健康等。他們可以分為四種類型：人際實用型、好奇探索型、群體影響型、消遣娛樂型。

(1) **人際實用型**：基於人際交往或其他實用目的而接觸星座文化的大學生，他們認為透過星座描述，可以幫助自己更好地了解周圍的人，從而更好與別人交往和相處。人際實用型的星座文化接觸者多是有著明確的目的，他們有自己的主見，然後自主去接觸星座文化中的特定的內容，而對於那些不實用的星座文化相關內容則很少關注。

(2) **好奇探索型**：大學生精力充沛，他們對這個世界充滿好奇，容易對新鮮的事物產生濃厚的興趣，表現出強烈的求知慾和認知興趣。當代大學生的興趣具有個性化、感性化和邊緣化的特點，感覺那些形象和說法「很好玩」，或者想證實星座描述到底準不準確而接觸星座文化。

(3) **群體影響型**：周圍朋友和人際管道對大學生接觸星座文

化有著重要的影響，大學生接觸星座文化，在一定程度
上是因為周圍群體中一些潛在流行的影響。他們想跟上
時代潮流；具備一定程度的從眾心理，從而可以獲得一
種群體的歸屬感和認同感，避免讓人覺得自己越來越不
合群。

(4) **消遣娛樂型**：娛樂和遊戲是人的天性，人們需要一種輕
鬆的活動來對工作勞動進行調和與補償，並在兩者的良
好協調中完成生存的整體需求。青年人追逐時尚娛樂已
經成為顯示他們社會身分和人格的重要特徵。大學生是
青年中最敏感、最活躍的族群，所以當代大學生的文化
時尚，往往處在社會文化的最前沿。

不管他們屬於哪一種類型，在這些人中間，星座其實已
經成為他們表現自己個性特色的一種符號，它只是大學生族
群內部互動時的一種工具，而不具備像性格描述或運勢預測
這樣的原始意義。接觸星座文化就像接觸網路遊戲和流行歌
曲一樣，只不過是大學生娛樂消遣的眾多方式之一。

大學生接觸星座文化的態度

按照態度三要素理論，態度由認知、情感情緒和行為意
向共同組成。下面分析一下大學生接觸星座文化的態度。

(1) **感性大於理性**：眾多的調查結果顯示，不管是男生還是
女生，情感的得分遠遠高於認知和行為。這種態度結

構,說明大學生對星座文化在情感情緒這個要素上是最為穩定的,同時也是最為積極的,但這種積極的情感並非就是建立在充分認知的基礎上,而且也不一定就會隨之產生相應的行為意向。即大學生雖然對星座文化極感興趣,但並不會讓星座成為自己生活的主導,他們只是覺得星座文化很好玩,有事沒事總愛去星座網站看看運勢,做做測試,但是僅僅把它當作一種娛樂,很少會按照星座指示來做事。

(2) **情感反應處於經驗層級**:大學生對星座文化的態度,應該屬於經驗層級,他們只是出於各種目的而對星座文化抱有積極的情感,或許也會有某種行為意向,但這一切並非建立在充分認知的基礎上,相反,相當多的大學生對星座文化並不了解,這也是當代大學生追求流行時尚的一個特殊表現,他們會愛上一種時尚,但其實並不了解它。

(3) **星座文化的盲目接觸**:大多數大學生認為星座預測準確,主要是人們的自我心理暗示在發揮作用,但是也有部分被調查者認為,因為星座本身有一定的合理性;在星座預測不準確時,被調查者給出的答案中最多的是「凡事都有特例」,其次是迴避問題選擇「說不清楚」。這個結果顯示了大學生接觸星座文化的盲目性。

(4) **盲目之中帶有理性色彩**:星座文化接觸者大多認為星座對未來運勢的預測沒有道理可言,但是對人們性格的描

述卻是比較準確並且具有一定的價值。調查結果也顯示如此。這也說明大學生並非一味盲目地接觸星座文化，而是有自己的選擇和理解的，他們認為星座文化可以幫助自己更好地認識自我和周圍的朋友。

也就是說，大學生對星座文化所持的態度主要保持在情感部分，在行為上得分是最低的，說明大學生對星座文化的興趣很難影響到行為層面，大學生其實在自己心中有一桿秤，他們在對星座文化的盲目接觸中也保持著理性的底線，很少會讓星座真正指導自己的現實生活。

總之，大學生對星座文化所持的態度是模糊的、盲目的，他們對星座文化沒有太多的了解，但是在情感上卻表現出相當大的興趣。這說明星座文化已經成為大學生中的一種時尚流行符號，其象徵意義遠大於實際意義。

大學生接觸星座的影響因素

透過問卷、訪談等形式，了解到涉及大學生接觸星座文化的影響因素包括：地域、出生地、性別、年齡、年級、宗教信仰、接觸時間、接觸頻率等。具備比較價值的傾向包括：

（1） 女生比男生對星座文化更感興趣；
（2） 所生活的城市越都市化，越容易對星座文化感興趣；
（3） 大二和大四學生比大一和大三學生對星座文化更感興趣；

（4） 瀏覽星座網站的頻率與大學生對星座文化的興趣相關；

（5） 接觸星座文化時間長短與對星座文化的興趣無關。

　　整體來看，大學生對星相學的態度是模糊的。對所謂的星座文化遠沒達到篤信的程度，而只是停留在好玩、消遣的程度上。所以，星座迷戀在大學生中的流行，可以視作是這個特殊族群的次文化表現，而大學生族群的心理因素和他們所處的社會環境及傳統文化，都在這個現象的形成中有一定的影響。

特殊群展現象的社會學與社會心理學原因

　　我們發現，星座文化在大學生之中的流行絕不是偶然的。它是具有青年族群特點的一種文化現象，又受到個人心理和社會心理、社會環境以及社會文化等因素的共同作用，才得以形成。

心理特點決定了星座文化在大學生族群中的流行

　　觀察星座文化可以發現，它基本上是青年人族群所特有的一種文化現象，屬於青年人所獨有，極少發現有中老年人加入其中。青年文化是現代工業社會的產物，是青年在參與各種社會活動時，由其特殊的行為方式所展現出的獨特的價值判斷、人格傾向、審美情趣及思考方式的概括。

　　青年是新生的一代，比老一代思想活躍，對事物有新

奇感，不願墨守成規，總是以自己的眼光看待傳統和現代社會，從自己的角度出發，提出與眾不同的主張。青年文化的叛逆的主要表現之一，就是其所具有的情緒化。青年心理和生理的不成熟決定了他們容易感情用事，這是青年非理性衝動的根源，反映在文化上，就是青年文化的情緒化。這種文化上的情緒化的表現即為青年時尚的興起。由於星座文化在大學生這個族群裡十分流行，我們也可以視其為一種大學生特有的青年時尚。青年時尚所蘊含的文化，是一種隨時代變遷而不斷演變的價值觀。青年時尚之所以流行，與青年本身的主觀條件和心理因素密切相關。而對於個體來說，心理因素往往有著決定性的作用。

流行是青年人創造的。說明了青年本身在時尚的製造與流行中的地位與作用。青年族群由於其生理與心理的固有特徵，對時尚有著本能的敏感、先天的愛好與急切的追求。

青年作為身心尚不完全成熟的社會族群，特別急於模仿社會上或自己周圍的人群中，那些正在流行的生活方式、行為方式，以求得社會的認同，適應迅速變化的社會生活，獲得安全感，從而達到心理上的平衡。青年的從眾模仿心理，即「求同於人」的心理，是青年時尚流行的重要的心理條件。青年人的未確定性也決定了他們這一族群要追求確定的東西。大學生的地位是臨時的，他們對新事物好奇、心理發展還不成熟、前途未卜、未來空白，在社會上還沒有一個穩

定的地位，這樣的特徵就決定了他們對待星座文化的態度。由於我們沒有像西方國家那樣占統治地位的宗教，而大學生的心理正處在一個需要引導的時期，其社會地位的臨時性決定了他們處在角色混淆的階段，對自身和社會充滿了各個方面的困惑，所以，他們希望有確定性的東西，而星座預測則正好符合了他們在這個時期的特殊的心理需求。康德（Kant）（見圖1.21）曾經說過：「我一定要為信仰留一塊地盤。」這種心理上的需求是人人都會有的，只是在個人一生不同的發展階段表現不同罷了。

圖1.21 康德，啟蒙運動時期最重要的思想家之一，德國古典哲學的創始人。他從哲學的觀點出發，定性地推出了關於太陽系起源的星雲假說。

對自身行為的合理化

星座預測的各方面的特徵，可以判定它應該屬於一種現代迷信。這種超自然的神祕文化在人類思想的某個領域始終保存，不分種族、不分國家，人人都或多或少有此需求。個

人所受的教育程度的多少，只能對個體的迷信表現程度有所影響。人們之所以相信一些神祕文化，也多是基於此種心理需求，即需要找些理由把自己的行為合理化，對於大學生族群，他們對於星座預測的或多或少的迷信，也有出於此原因的，但同時由於大學生族群的特殊性，又有他們自己的特點。

(1) 遇到失敗或挫折後，把自己行為合法化、合理化，以求得自我心理安慰。人由於社會規範的約束而不得不壓抑自己的一些欲望，由於社會條件的局限或本身能力的不足而行為失敗，應當說是極其普遍的。然而，人們並不願意直接承認自己的失敗或無能，於是，就具有了心理自我防禦機制。合理化作用便是這種機制的主要形式之一。所謂合理化作用，是指當人的某種願望不能得到滿足，或是某件事情沒有做成功時，會自覺或不自覺地用某些合理的理由為自己的失敗或無能進行辯解，以求得心理的平衡。常常聽到有人在遭受挫折時感嘆「自己運氣不好」、「命裡注定」，就是這種心理防禦機制在產生作用，他們期待冥冥中有一個人所不能控制的所謂的「命運」，來對他們所受到的挫折給出合理合法的解釋。

(2) 把星座預測與自己的理想相結合，用這些說法使自己為了實現理想的行為，找到一個合理的依據。或者說，年輕的大學生是在為自己的夢想而努力，在這樣一個尋夢的過程中，尤其是對於那些追求一些目標卻又信心不足的人來說，星座預測給了這類人一種精神和心理上的支

撐和行為依據。那麼我們也可以這樣認為，這種行為在某種意義上又不完全是迷信，而是一種自我實現、自我預言、自我印證，它強化了目標意識，使個人會更努力地朝他的理想邁進。

(3) 青年大學生在今後的生活、課業、愛情、工作等各個方面均還是個未知數，所以他們追求一些確定的東西，希望可以了解、掌握自己的未來。而青年人特有的好奇、追求新事物的行為，也會在星座預測中找到其合理的解釋。

自我暗示導致一些人認為星座預測結果準確

從社會心理學的角度分析，之所以有一部分人認為這種預測是準確的，與其自身的自我心理暗示是分不開的。就是說，在看了星座預測的分析後，人在不知不覺中接受了它所帶給個人的心理暗示，這種暗示可能會導致人在行動時不自覺地按預測結果去做，於是人的行為的結果就與預測的結果相符了，也就導致人們更加相信它，下一次還傾向於迷信行為的反覆發生，而這類行為的一再反覆就會導致人們越來越相信它，最後就會達到社會心理學中所說的態度改變的角色扮演的效果。

不可否認，在預測的結果與自身的經歷偶有巧合時，我們會驚嘆於結果的準確，並形成強烈的心理刺激，使人記憶深刻。反之，當出現不準確的結果時，人們則會表現出很容

易就忘記這樣的結果的傾向，這在社會心理學中也已有實驗驗證過。這也是一些人認為「它的預測準確」的原因。女孩認為星座預測「準」和「比較準」，可能是因為女生探究問題比男生更感性，更容易接受自我心理暗示所致。社會心理學認為，當人們經常重複一種行為而又不斷被肯定後，就更傾向於繼續做下去。那麼可以說，女生整體中的這種傾向也會導致女生比男生更容易相信星座預測的結果。

受中國傳統文化心態的潛移默化的影響

華人的人生與生活，似乎已與「天」和「命」難解難分。大學生雖然認為自己不相信命運，但二十幾年的社會傳統文化教育的浸潤，已經潛移默化地影響到個人的心理，尤其是當他們遇到挫折、失敗的時候。所以在他們去尋求心理慰藉時，就會去相信離他們最近的預測（並且還是一種不同於主流文化的新鮮東西，這就更符合年輕人的心理需求）—— 星座預測。

1.3.3 星座文化存在的理由

在社會轉型時期，不少人的生活可能會發生巨大的改變，他們對自己的所屬階段與人生歸向產生懷疑，特別是當他們遭遇挫折或失敗的時候，星座文化正好為他們提供了尋求心理慰藉的這種心理需求。

星座是人類對自我屬性的認知與歸類

齊美爾（Simmel）（見圖 1.22）在研究人的個性時，區分了兩種個人主義：量的個人主義和質的個人主義。量的個人主義是由社會關係的總和決定的，也就是說，作為社會學的個性是由社會角色的總和決定的；質的個人主義，是從人類學的角度來解釋個性的產生。作為社會學的先驗，個人從未完全融化到社會化的過程中，個人的唯一性的殘餘，總是必然依舊留在社會之外，它不受社會因素的制約。

根據齊美爾關於量的個人主義的論述，人類在社會中的交往行為，實際上就是在社會交往活動中尋找到某種社會群體認同。齊美爾關於質的個人主義的闡釋，實際上也可以用來分析人類是如何確定自我歸屬的。

圖 1.22 齊美爾

　　星座預測是根據出生日期對人類的性格進行歸類，人類的個性是按照出生時間來進行規範的，那些相信星座預測的人可能會在日常的生活和行為中，自覺或不自覺地受到自己星座所闡述內容的影響，可能會在潛移默化中加深或者放大被闡述的星座性格特徵，從而驗證了這種星座預測的可靠性，進一步被吸引到星座學說當中。

星座文化是人類對未來不確定性的自我安慰

　　現實生活中，人們對於自己未來命運的發展充滿了不確定性，人們特別需要從外界得到安慰和鼓勵。這時候，星座就變成了心理安慰的藥膏（哪裡不舒服就塗在哪裡），但這種做法從本質上來看，根本無異於「問道於盲」。

　　所有那些應驗了的占卜預言，不是本身就是模棱兩可的，本來就可以作多重解釋；就是有人在其中做了某些「手腳」，還有的一些則是本該如此，因為機率決定了事件的發生與否。透過對星座預測中人類性格的描述做話語分析，可以看出，相對於動詞和名詞，星座文化中用到的更多的是形容詞，例如，雙子座能言善辯，射手座活潑，獅子座驕傲等。形容詞有範圍限度的問題，這正是其最難掌握的一點，很難確定究竟哪一種對某個形容詞的解釋，才是最準確符合其原來意義的。星座實際上挑戰和利用的是人類心理的這種不確定性。

星座文化已經演變成一種生活方式

伴隨著星座文化在商業化傳播活動中不斷發展，星座文化已經成為社會生活的熱門話題，受到越來越多的關注與討論。在當今的星座文化傳播活動中，商業色彩逐漸占據主流，傳統的封建迷信占卜色彩逐漸弱化，在這樣的過程中，星座文化將隨著其商業化傳播，形成一次又一次的星座文化熱潮，而星座文化中占卜、轉運等狹隘的非科學思想，將不可避免地對其重度迷戀者形成相當嚴重的心理暗示和負面影響。這樣的結果，一方面將阻礙人們科學素養的提高，另一方面當人們對星座文化產生認同的時候，對健康文化和知識的感知與認同將逐漸淡化。當星座文化進入商業化模式之後，工業式的高強度傳播活動將影響人們對健康文化的接受。為了避免非科學的文化對健康文化衝擊的局面，所謂的星座文化應當更讓它集中於其娛樂屬性。

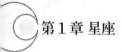

第 1 章 星座

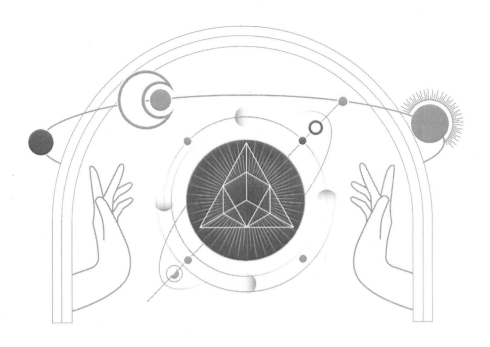

第 2 章 《易經》

　　有人為中華文明總結出了三個特點，說是三個唯一：第一，最早的「六大古代文明（見圖2.1）」中，唯一存留下來延續至今的；第二，在延續至今的文明中，中華文明是唯一沒有信仰的；第三，在沒有信仰的文明中，唯一具有世界性的。

圖 2.1 六大古代文明

　　人類文明大概有七千年歷史，最早的文明都是直接從原始社會產生的，所以稱為「古代文明」，包括兩河（美索不達米亞）文明、古埃及文明、印度河（哈拉帕）文明、米諾斯（克里特島）文明、華夏文明和奧爾梅克文明。其中最古老的文明是古埃及文明和兩河文明，它們都發生在五千多年以前。大約一千年後，印度河文明在印度河流域出現。又過了五百到八百年，米諾斯和華夏（中華）文明出現。而人類早期最後一個古文明是奧爾梅克文明。

　　我們都知道四大文明古國（古埃及、古印度、古巴比倫和古代中國），它們均來自六大古代文明的發源地。關於文明的延續，在原始的六大古代文明之後，是稱為古典文明的第二代文明，包括印度、馬雅、希臘、波斯、羅馬、拜占庭、日本、阿拉伯、俄羅斯；再接下來是第三代，稱為現代文明。

　　說到世界性的文明就是中華文明、伊斯蘭文明和西方現代文明了。伊斯蘭文明信仰真主，西方人信「上帝」，我們信仰什麼？

　　那就首先要問問：什麼是信仰？答案是：對超自然、超世俗之存在堅定不移的相信，比如上帝或真主。這樣的存在，不屬於自然界，不能靠科學實驗來證明；也不屬於人類社會，不能靠日常經驗來證明；是一種信念、一種精神、一種堅持。

　　常聽人們感嘆：漢人沒有宗教信仰，覺得很可怕。其實

從古到今在漢人的血液中一直融有一種無形的信仰 —— 天道。我們敬畏著我們心裡的老天爺。我們知天命，信天理，希望做天之驕子；相信做了傷天害理的事會天怒人怨，遭天譴。漢族是世界上少見的以主張天下為公，以天下興亡匹夫有責為己任的民族。我們能先天下之憂而憂，後天下之樂而樂。我們的生活目標：修身、齊家、治國、平天下。

　　天道，「天意難違」，「奉天承運」，然而，「天意高難問，人情老易悲」，「天道遠，人道邇」。天授權，可接下來還是要看民意。以人為本，以德治國，以禮維序，以樂致和，中國（傳統）文化中的這種人道重於天道的傾向，是以儒家倫理學說為主體而建立起來的。傳統文化中「四書五經」是精華所在，而其中的《易經》更是一本偉大的哲學著作。對中華文明有著奠基的作用，被尊稱為天下第一經。

2.1 四書五經是中華文明的基礎

在眾多文明之中，唯有中華文明能夠綿延數千年不斷。原因很多，最能讓人體會到的有以下四點。

首先，中國所處的特殊地理條件，為人民提供了相對隔絕的生存環境。中國的北方是人跡罕至的沙漠荒原；西部、西南部是不可踰越的崇山峻嶺；東部、東南部是浩瀚的大海。這樣的地理環境就像一個巨大的搖籃（見圖 2.2），保護著中華文明絕少受到異域文明的干擾和威脅，為中華文明的延續提供了客觀的有利條件。

其次，中華文明具有強大的引領力和同化力。古代中國被周圍各族視為「禮儀之邦」、「天朝上國」，一直是鄰國所學習的榜樣，諸如日本、朝鮮等國受中華文明影響之深自是毋庸言表。

再次，中華文明具有強大的融合力。在中國文化發展的過程中，不斷吸收和融匯周邊匈奴、鮮卑、契丹、突厥等民族的文化，將其統攝、融合於中華文化的血脈中。正是由於這種強大的融合力，才使中國文化不斷地增添新的內容，生生不息。

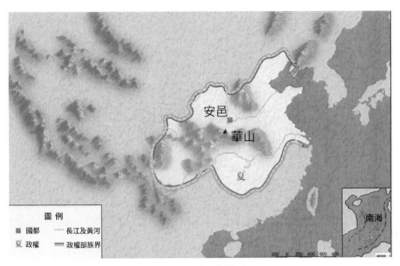

圖 2.2 夏朝地域圖

　　最後，中華文化的自豪感讓中華民族有著的向心力與歸屬感。在西周時期，中華先民產生了「非我族類，其心必異」的文化心理特質上的自我確認觀念。蘇武牧羊、文天祥「不指南方不肯休」、土爾扈特回歸（圖 2.3）……無不是中國文化強大向心力、凝聚力的證明。這種凝聚力，是中國文化強勁生命力的源泉和保證。

人生自古誰無死，
留取丹心照汗青。
—— 文天祥《過零丁洋》

圖 2.3 文天祥

2.1.1 中華傳統文化的根基

三橫一豎謂之「王」。三者，天、地、人；而一豎貫通三橫，王也。所以遠古時候的王就是能溝通天地和凡人的人（能夠識星星、看天象），如在四川廣漢三星堆中出土的銅人大祭司，他最引人注目的地方就是他的縱目，也就是有一雙大而突出的眼睛（方便認星）。王就是掌握了天文和地理知識的人，所以知識就是力量一點也沒錯。但王的知識是不能分享的，分享了就天下大亂了（古代中國天文學一直是由皇家所壟斷的）。王就要以天的秩序來建立天下的秩序，這就有了王道對天道的解讀。

《呂氏春秋·慎勢》：古之王者，擇天下之中而立國，擇國之中而立宮，擇宮之中而立廟。

　　西周早期青銅器的銘文裡我們看到，當時就是把「天下之中」這塊土地，叫中域或者叫中國。「中」的觀念是怎麼來的？是和天文有關。天文學觀象授時、確定方位主要是看恆星，但是夜晚的時候看恆星，白天呢？白天也有一顆很大的恆星，就是太陽。但是看太陽不是一件很容易的事情，太陽升到一定的地平高度以後，它很亮，一般人眼睛受不了，怎麼辦？古人很聰明，發明了一種測量太陽影子的圭表，不是直接看太陽，而是看太陽的影子（見圖 2.4）。

　　因為太陽在天上，東升西落會有一個角度的變化，它所投映到地下的影子也會隨之變化，所以人們根據一天日影的變化，就可以確定白天時間的早晚；而一年中太陽的影子也有長短的變化，比如，在夏至這一天，太陽直射，北迴歸線上有影子嗎？沒有。那時的太陽最高，其他各地太陽的影子也是最短的。人們在根據影子角度的變化確定早晚的時間後，再找出它們方位相等的點（方向）來，南北點就確定了，也就找到了「子午線」。得到東西南北四個方向，而表所在的位置，就是中央，就是天下之中。據說「中國」的稱呼就是這樣來的。

圖 2.4 測量太陽影子的長度

　　與世界其他的傳統文化起源於宗教不同，中國的傳統文化絕大多數來源於農事。在這種濃厚的「重農」氛圍中，幾千年近乎凝滯不變的生態鑄就了中國人注重實際穩定的文化心態，培養了一種樸實厚重的實用——經驗理性，一種務實的精神取向。

　　與這種求穩定的心態相適應，中國文化把長久以至永恆當作價值判斷的重要標準。《周易》講「可大可久之」；《中庸》講「悠久成物」；《老子》講「天長地久」，都是這種觀念的典型表述。於是政治上追求長治久安，用品上追求經久耐用，宗教上追求長生不老，種族上追求綿延永續等，強調了中國文化中追求穩定、實際的特徵。

　　中國的社會結構是由家庭而家族，由家族而宗族，由宗

族而社區（會），由社區而國家，形成並保持了一種家國一體的格局，宗法關係滲透在社會生活的各個層面以及文化的各個角度。在宗族內，每個人都不被看作獨立的個體，而是被重重包圍在宗法血緣的群體裡。因此，群體的利益高於一切，每個人首先要考慮的，只是自己的特定角色所應承擔的責任和義務。對宗族的、對於整體的，從而自然引申為對於種族的、對於社會的、對於國家的責任和義務。這樣就很容易在人道親親的基礎上延伸出關於社會、國家的所謂合理秩序。在這種秩序上，個人被置於從屬的、被支配的地位。個人的一切服從於整體，這樣才能把整個社會整合起來，統一起來。於是，在政治領域，倡言大同理想；在社會領域，強調個人、家庭與國家不可分，倡導保家衛國；在文化領域，提倡持中貴和；在軍事領域，遵循的是統籌全局的基本策略；在倫理領域，標榜捨小家為大家。

將重整體的觀念落到實踐上就需要做到一致。要使龐大複雜的社會，無數心性相異的個人，凝聚為一個有機的整體，貫徹一種整體的秩序，就必須在價值取向、思考方式和心理結構等方面使人們普遍互相認同，具備高度一致的道德與精神素養，並使之外化為具體的協調性行為。作為中國文化之主體的儒家思想，從精神文化方面滿足了這種需求。孔子曰：「和為貴。」孟子曰：「天時不如地利，地利不如人和。」《禮記》更是講：「和也者，天下之達道也。」這一個「和」

字，其實包含了推己及人之忠恕之道；和而不同的君子風範；修齊治平的人生境界；民胞物與的豁達胸襟；天下一家的深厚情懷。這一個「和」字實在是中國文化共同思想的靈魂與核心。

孔子的儒學並不是孔子想像出來的東西。儒學是孔子對天道運行規律的一種解讀。就如同通曉了天意的王從「天中」讀出「天下之中」以立國一樣，孔子從「天中」讀出了凡人的行為規範——中庸。子曰：「中也者，天下之本也，和也者，天下之達道也，致中和，天地位焉，萬物化焉。」中庸：強調的是方法上的適度，原則上的不失其正，操作上的不走極端，執兩用中。他立下了「君君，臣臣，父父，子子」的規矩；提倡「溫，良，恭，儉，讓」的做人原則。

孔子提出的儒學思想只解釋了天道運行規律的一半，其對天道運行規律的另一半是儒家學派的另一個創始人孟子做出的，這才有了以後歷史上孔孟並稱的孔孟之道。也就是說，孔子提出了天道；孟子論述了天道的變化。從天的變化，孟子得出了「五百年必有王者興」的觀點。指出「得道多助，失道寡助」。所以，皇帝問孟子：「（按照孔子的天道）臣弒其君可乎？」孟子曰：「賊仁者謂之『賊』，賊義者謂之『殘』。殘賊之人謂之『一夫』。聞諸一夫紂矣，未聞弒君也。」孟子認為君貪得出了頭就成了夫，獨夫民賊人人得而誅之。漢代大儒董仲舒說：「道源出於天，天不變，道也不變。

知天命，受天命。」而孔子其實只說了：「不知命，無以為君子。」孟子說的是：「莫之為而為者，天也，莫之致而至者，命也。」

以老子為代表的道家也是中華文明的重要組成部分。他五千言的《道德經》告訴我們：人、家族和民族如何在自然中順應天道的生存和繁衍之道。人和民族的根本問題是生息問題，老子從天道得出人的長存之道：「……不敢為天下先」、「……以其不爭，故天下莫能與之爭」。

《道德經》談的就是一個道：天人合一之道。老子先談了天道，宇宙之道。再來就談了什麼是適合天道的人道。人的存在有兩個要素：生存和繁衍。老子談適合天道的人道又談了兩點：為了生存，人與人如何相處；為了繁衍，人自己又應該怎樣去做。所以《道德經》是人持續生存和發展之經。他告誡世人：「上善若水。水善利萬物而不爭。禍莫大於不知足，咎莫大於欲得。」

2.1.2 「四書五經」

中國古代有「四書五經」，其作用等同於基督教的《聖經》和伊斯蘭教的《古蘭經》。如果說今日學子不知「四書五經」為何物，恐怕會是件很難堪的事。我們只要談到中國傳統文化，必然得提到「四書五經」。「四書五經」是中國傳統文化的重要組成部分，是儒家思想的核心載體，更是中國歷

史文化古籍中的寶典。儒家經典「四書五經」包含內容極其廣泛、深刻，它在世界文化史、思想史上也具有極高的地位。

「四書五經」詳實地記載了中華民族思想文化發展史上，最活躍時期的政治、軍事、外交、文化等各方面的史實資料，及影響中國文化幾千年的孔孟重要哲學思想。歷代科興選仕，試卷命題必出自「四書五經」，足見其對為官從政之道、為人處世之道的重要程度。時至今日，「四書五經」所載內容及哲學思想仍對我們現代人具有積極的意義和極強的參考價值。「四書五經」在社會規範、人際交流、社會文化等方面都有著不可估量的影響，其影響播於海內外，福蔭子孫萬代。「四書五經」是延續中華文化的千古名篇，人類文明的共同遺產。

四書

四書，是《大學》、《中庸》、《論語》、《孟子》這四部著作的總稱。據稱它們分別出於早期儒家的四位代表性人物曾參、子思、孔子、孟子，所以稱為「四子書」（也稱「四子」），簡稱為「四書」。南宋光宗紹熙元年（1190 年），當時著名理學家朱熹在福建漳州將《大學》、《論語》、《孟子》、《中庸》匯集到一起，作為一套經書刊刻問世。這位儒家大學者認為「先讀《大學》，以定其規模；次讀《論語》，以定其根本；次讀《孟子》，以觀其發越；次讀《中庸》，以求古人之微妙處」。

　　《大學》原本是《禮記》中的一篇，在南宋前從未單獨刊印。傳為孔子弟子曾參（前505 —— 前434）作。自唐代韓愈、李翱維護道統而推崇《大學》（與《中庸》），至北宋二程（程顥、程頤兄弟兩個都是著名的哲學家、教育家）百般褒獎宣揚，甚至稱「《大學》，孔氏之遺書而初學入德之門也」，再到南宋朱熹繼承二程思想，便把《大學》從《禮記》中抽出來，與《論語》、《孟子》、《中庸》並列，到朱熹撰《四書章句集注》時，便成了「四書」之一。按朱熹和程頤的看法，《大學》是孔子及其門徒留下來的遺書，是儒學的入門讀物。所以，朱熹把它列為「四書」之首。

　　《中庸》原本也是《禮記》中的一篇，在南宋前從未單獨刊印。一般認為它出於孔子的孫子子思（前483 —— 前402）之手，《史記・孔子世家》稱「子思作《中庸》」。自唐代韓愈、李翱維護道統而推崇《中庸》（與《大學》），至北宋二程百般褒獎宣揚，甚至認為《中庸》是「孔門傳授心法」，再到南宋朱熹繼承二程思想，便把《中庸》從《禮記》中抽出來，與《論語》、《孟子》、《大學》並列，到朱熹撰《四書章句集注》時，便成了「四書」之一。

　　《論語》是記載孔子及其學生言行的一部書。孔子（前551 —— 前479），名丘，字仲尼，春秋時魯國陬邑（今山東曲阜）人。儒家學派創始人，中國古代最著名的思想家、政治家、教育家，對中國思想文化的發展有極其深遠的影響。

《論語》成書於春秋戰國之際，是孔子的學生及其再傳學生所記錄整理。《論語》涉及哲學、政治、經濟、教育、文藝等諸多方面，內容非常豐富，是儒學最主要的經典。在表達上，《論語》語言精練而形象生動，是語錄體散文的典範。在編排上，《論語》沒有嚴格的編纂體例，每一條就是一章，集章為篇，篇、章之間並無緊密關聯，只是大致歸類，並有重複章節出現。

　　《孟子》是記載孟子及其學生言行的一部書。孟子（約前372——前289），名軻，字子輿，戰國中期鄒國（今山東鄒縣東南）人，離孔子的故鄉曲阜不遠。孟子是著名的思想家、政治家、教育家，孔子學說的繼承者。到南宋孝宗時，朱熹編「四書」列入了《孟子》，正式把《孟子》提到了非常高的地位。元、明以後又成為科舉考試的內容，更是讀書人的必讀之書了。和孔子一樣，孟子也曾帶領學生遊歷魏、齊、宋、魯、滕、薛等國，並一度擔任過齊宣王的客卿。由於他的政治主張也與孔子的一樣不被重用，所以便回到家鄉聚徒講學，與學生萬章等人著書立說，「序《詩》、《書》，述仲尼之意，作《孟子》七篇」。（《史記‧孟子荀卿列傳》）趙岐在〈孟子題辭〉中把《孟子》與《論語》相比，認為《孟子》是「擬聖而作」。所以，儘管《漢書‧藝文志》僅僅把《孟子》放在諸子略中，視為子書，但實際上在漢代人的心目中已經把它看作輔助「經書」的「傳」書了。漢文帝把《論語》、《孝經》、《孟子》、《爾雅》各置博士，便叫「傳記博士」。到五代

後蜀時，後蜀主孟昶命人以楷書刻十一經於石上，其中包括了《孟子》，這可能是《孟子》列入「經書」的開始。

五經

儒家本有六經：《詩經》、《尚書》、《儀禮》、《樂經》、《周易》、《春秋》。秦始皇「焚書坑儒」（見圖2.5），據說經秦火一炬，《樂經》從此失傳，東漢在此基礎上加上《論語》、《孝經》，共七經；唐時加上《周禮》、《禮記》、《春秋公羊傳》、《春秋穀梁傳》、《爾雅》，共十二經；宋時加《孟子》，後有宋刻《十三經注疏》傳世。「十三經」是儒家文化的基本著作，依傳統觀念而言，《周易》、《詩經》、《尚書》、《儀禮》、《春秋》謂之「經」，《左傳》、《春秋公羊傳》、《春秋穀梁傳》屬於《春秋》經之「傳」，《禮記》、《孝經》、《論語》、《孟子》均為「記」，《爾雅》則是漢代經師的訓詁之作。

五經是指：《周易》、《尚書》、《詩經》、《禮記》、《春秋》。

圖2.5 秦始皇「焚書坑儒」

　　《周易》也稱《易》或《易經》，列儒家經典之首。《周易》是占卜之書，其外層神祕，而內蘊的哲理至深至弘。作者應是筮官，經多人完成。內容廣泛記錄了西周社會的各個方面，包含史料價值、思想價值和文學價值。以前的人們對自然與人生變化規律的認知模式，從沒有超越陰陽八卦的思維框架。相傳龍馬馱「河圖」出現在黃河，上古聖人伏羲始作八卦；《史記》又稱「蓋文王拘，而演《周易》」（一說伏羲重卦，有的說神農），並作爻辭（或謂周公）；後至春秋，又有孔聖作《十翼》之說，世稱「人更三聖，世歷三古」（《漢書·藝文志》）。《周易》包括「經」和「傳」兩部分。「經」文由六十四卦卦象及相應的卦名、卦辭、爻名、爻辭等組成。「傳」一共七種十篇，有〈彖〉上下篇，〈象〉上下篇，〈文言〉、〈繫辭〉上下篇，〈說卦〉、〈雜卦〉和〈序卦〉。古人把這十篇「傳」合稱「十翼」，意指「傳」是附屬於「經」的羽翼，即用來解說「經」的內容。

　　《尚書》古時稱《書》或《書經》，至漢稱《尚書》。「尚」便是指「上」，「上古」。該書是古代最早的一部歷史文獻彙編，記載上起傳說中的堯舜時代，下至東周（春秋中期），約1500 多年。其基本內容是古代帝王的文告和君臣談話內容的記錄，這說明作者應是史官。《史記·孔子世家》稱孔子「序《書傳》，上紀唐虞之際，下至秦繆，編次其事」，相傳為孔子編定。《尚書》有兩種傳本，一種是「今文尚書」，一種是

「古文尚書」，現通行的《十三經注疏》本，是今文尚書和古文尚書的合編。古時稱讚人「飽讀詩書」，「詩書」便是分別指《詩經》、《尚書》。

《詩經》先秦稱《詩》或《詩三百》，是中國第一本詩歌總集，匯集了從西周初年到春秋中期500多年的詩歌305篇，是西周初至春秋中期的詩歌總集。「古者《詩》三千餘篇，及於孔子，去其重……」（《史記‧孔子世家》），據傳為孔子編定。《詩》分「風」、「雅」、「頌」三部分，「風」為土風歌謠，「雅」為西周王畿的正聲雅樂，「頌」為上層社會宗廟祭祀的舞曲歌辭。此書廣泛反映了當時社會生活各方面，被譽為古代社會的人生百科全書，對後世影響深遠。

《禮記》，戰國到秦漢年間儒家學者解釋經書《儀禮》的文章選集，「《禮記》只是解《儀禮》」（《朱子語類‧卷八十七》），是一部儒家思想的資料彙編。《禮記》雖只是解說《儀禮》之書，但由於涉及面廣，其影響乃超出了《周禮》、《儀禮》。《禮記》有兩種傳本，一種是戴德所編，有85篇，今存40篇，稱《大戴禮記》；另一種，也便是我們現在所見的《禮記》，是戴德其姪戴聖選編的49篇，稱《小戴禮記》。

《春秋》也稱《左氏春秋》、《春秋古文》、《春秋左氏傳》，古代編年體歷史著作。《史記》稱作者為春秋時左丘明，清代經學家認為系劉歆改編，現代認為是戰國初年人據各國史

料編成（又有說是魯國歷代史官所寫）。它的取材範圍包括了王室檔案、魯史策書、諸侯國史等。記事基本以《春秋》魯十二公為次序，內容包括諸侯國之間的聘問、會盟、征伐、婚喪、篡弒等，對後世史學、文學都有重要影響。

四書五經的經典名句

《大學》

大學之道，在明明德，在親民，在止於至善。知止而後有定，定而後能靜，靜而後能安，安而後能慮，慮而後能得。物有本末，事有終始。知所先後，則近道矣。

物格而後知至，知至而後意誠，意誠而後心正，心正而後身修，身修而後家齊，家齊而後國治，國治而後天下平。

為人君，止於仁；為人臣，止於敬；為人子，止於孝；為人父，止於慈；與國人交，止於信。

《中庸》

天命之謂性，率性之謂道，修道之謂教。

博學之，審問之，慎思之，明辨之，篤行之。

唯天下至誠，為能盡其性；能盡其性，則能盡人之性；能盡人之性，則能盡物之性；能盡物之性，則可以贊天地之化育；可以贊天地之化育，則可以與天地參矣。

《論語》

吾十有五而志於學,三十而立,四十而不惑,五十而知
天命,六十而耳順,七十而從心所欲,不踰矩。

知之者不如好之者,好之者不如樂之者。

益者三友,損者三友。友直,友諒,友多聞,益矣。友
便辟,友善柔,友便佞,損矣。

《孟子》

以力服人者,非心服也,力不贍(充足)也;以德服人
者,中心悅而誠服也。

魚,我所欲也;熊掌,亦我所欲也。二者不可得兼,舍
魚而取熊掌者也。生,亦我所欲也;義,亦我所欲也。
二者不可得兼,捨生而取義者也。

故天將降大任於斯人也,必先苦其心志,勞其筋骨,餓
其體膚,空乏其身,行拂亂其所為,所以動心忍性,曾
(增)益其所不能。

《尚書》

無稽之言勿聽,弗詢之謀勿庸。

直而溫,寬而栗,剛而無虐,簡而無傲。

唯事事,乃其有備,有備無患。

《禮記》

愛而知其惡，憎而知其善。

知為人子，然後可以為人父；知為人臣，然後可以為人君；知事人，然後能使人。

善歌者，使人繼其聲。善教者，使人繼其志。

博聞強識而讓，敦善行而不怠，謂之君子。（見圖 2.6）

圖 2.6 四書五經中的「句子」

《易經》

觀乎天文，以察時變；觀乎人文，以化成天下。

君子學以聚之，問以辯之，寬以居之，仁以行之。

時止則止，時行則行。動靜不失其時，其道光明。

《春秋》

多行不義必自斃。

人誰無過？過而能改，善莫大焉。

居安思危，思則有備，有備無患。

《詩經》

蒹葭蒼蒼，白露為霜。所謂伊人，在水一方。

呦呦鹿鳴，食野之苹。我有嘉賓，鼓瑟吹笙。

秩秩斯干，幽幽南山。如竹苞矣，如松茂矣。

2.1.3 《黃帝內經》

《黃帝內經》又稱《內經》，內容分〈靈樞〉、〈素問〉兩部分，是中國最早的典籍之一，也是中國傳統醫學四大經典之首（其餘三者為《難經》、《傷寒雜病論》、《神農本草經》）。相傳為黃帝所作，因以為名。但據《淮南子‧脩務訓》指出，冠以「黃帝」之名，意在溯源崇本，藉以說明中國醫藥文化發祥之早。實非一時之言，亦非一人之手。

理論精神

《黃帝內經》基本理論精神包括：整體觀念、陰陽五行、藏象經絡、病因病機、診法治則、養生預防和運氣學說等。

整體觀念強調人體本身與自然界是一個整體，同時人體結構和各個部分都是彼此連繫的。

陰陽五行是用來說明事物之間對立統一關係的理論，表現為人的身體和自然界，以及人的身體內部的「相生相剋」。

藏象經絡是以研究人體五臟六腑、十二經脈、奇經八脈等生理功能、病理變化及相互關係為主要的內容。

病因病機闡述了各種致病因素作用於人體後，是否發病以及疾病發生和變化的內在機制。

診法治則是中醫了解和治療疾病的基本原則。

養生預防系統性地闡述了中醫的養生學說，是養生防病經驗的重要總結。

運氣學說研究自然界氣候對人體生理、病理的影響，並以此為依據，指導人們趨利避害。

歷代醫家用分類法對《黃帝內經》進行研究。各家的認知較為一致的是臟象（包括經絡）、病機、診法和治則四大學說。這四大學說是《黃帝內經》理論體系的主要內容。

學術思想

《黃帝內經》接受了中國古代唯物的氣 —— 元論的哲學思想，將人看作整個物質世界的一部分，宇宙萬物皆是由其原初物質「氣」形成的。在「人與天地相參」、「與日月相應」的觀念指導下，將人與自然緊密地連繫在一起。

「氣」是宇宙萬物的本源

老子在《道德經》云:「有物混成,先天地生。寂兮寥兮,獨立而不改,周行而不殆,可以為天下母。」認為構成世界的原初物質是形而上者的「道」。後人將這種原初物質稱之為「氣」。《黃帝內經》受這些學說的影響,也認為「氣」是宇宙萬物的本源,「太虛寥廓,肇基化元,萬物資始,五運終天」。在天地未形成之先便有了氣,充滿太虛而運行不止,然後才生成宇宙萬物。這其實是揭示天體演化及生物發生等自然法則。在宇宙形成之先,就是太虛。太虛之中充滿著本元之氣,這些氣便是天地萬物化生的開始。由於氣的運動,從此便有了星河、七曜,有了陰陽寒暑,有了萬物。陰陽五行的運動,統領著大地的運動變化和萬物的發生與發展。

人與自然的關係

《黃帝內經》認為人與自然息息相關,是相參相應的,自然界的運動變化無時無刻不對人體發生影響。〈素問・寶命全形論〉說:「人以天地之氣生,四時之法成。」人生天地之間,必須要依賴天地陰陽二氣的運動和滋養才能生存。

人體的內環境必須與自然界這個外環境相互協調、相互一致,這就要求人對自然要有很強的適應性。〈靈樞・五癃津液別〉說:「天暑衣厚則腠理開,故汗出。……天寒則腠理閉,氣溼不行,水下留於膀胱,則為溺與氣。」這顯然是水液代謝

方面對外環境的適應。人的脈象表現為春弦、夏洪、秋毛、
冬石（見圖 2.7），同樣是由於人體氣血對春夏秋冬不同氣候
變化所做出的適應性反應，以此達到與外環境的協調統一。
如果人們違背了春生夏長秋收冬藏的養生之道，就有可能產
生病變。就是一日之內、日夜之間，人體也會隨天陽之氣的
盛衰而相應變化。如果違反了客觀規律，也會受到損害。

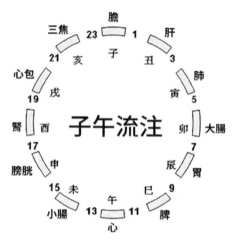

圖 2.7 子午流注

人與自然這種相參相應的關係在《黃帝內經》中是隨處
可見的。無論是生理還是病理，無論是養生預防還是診斷與
治療，都離不開這種理論的指導。

人是陰陽對立的統一體

人是陰陽對立的統一體，這在生命開始時已經決定了。

從人體的組織結構上看，《黃帝內經》把人體看成是各個層次的陰陽對立統一體，還把每一臟、每一腑再分出陰陽，從而使每一層次，無論整體與局部、組織結構與生理功能都形成陰陽的對立統一。

人體是肝、心、脾、肺、腎五大系統的協調統一體

《黃帝內經》所說的五臟，實際上是指以肝、心、脾、肺、腎為核心的五大系統。以心為例，心居胸中，為陽中之太陽，通於夏氣，主神明，主血脈，心合小腸，生血、榮色，其華在面，藏脈、舍神、開竅於舌、在志為喜。在談心的生理、病理時，至少要從以上諸方面，系統性地加以考慮才不至於失之片面。因此可以說每一臟都是一大系統，五大系統透過經絡氣血連繫在一起，構成一個統一體。這五大系統又按五行生剋制化規律相互協調、滋生和抑制，在相對穩態的情況下，各系統按其固有的規律從事各種生命活動。

生命觀

《黃帝內經》否定超自然、超物質的神的存在，了解到生命現象來源於生命體自身的矛盾運動。認為陰陽二氣是萬物的胎始。對整個生物界，則認為天地萬物和人都是天地陰陽二氣交合的產物。陰陽二氣是永恆運動的，其基本方式就是升降出入。《黃帝內經》把精看成是構成生命體的基本物質，也是生命的原動力。在〈靈樞·經脈〉還描繪了胚胎生命的

發展過程:「人始生,先成精,精成而腦髓生。骨為幹,脈為營,筋為剛,肉為牆,皮膚堅而毛髮長。」這種對生命物質屬性和胚胎發育的認知是基本正確的。

形神統一觀

《黃帝內經》認為形體與精神是「辯證統一」的,指出精神統一於形體,精神是由形體產生出來的生命運動。

在先秦諸子中對神以及形神關係的認知,沒有哪一家比《黃帝內經》的認知更清楚、更接近科學。關於形神必須統一、必須相得的論述頗多,如〈靈樞·天年〉和〈素問·上古天真論〉。如果形神不統一、不相得,人就得死。如〈素問·湯液醪醴論〉和〈素問·逆調論〉。《黃帝內經》這種形神統一觀點對中國古代哲學有非常大的貢獻。

《黃帝內經》以五行為框架,以人體為主要研究對象,形成醫學家所特有的天人合一的思想體系。並詳細地給出五行、方位、季節、氣候、自然變化和人體各個臟器的關係。

《黃帝內經》中醫理論的天文學思維

清代著名醫家、道士閔一得在他所編著的〈古法養生十三則闡微〉中說:「人身一心耳,而其名有三,心之本位曰人心,其神腦注曰天心,其神腹注曰地心。其用有三,天心生精,地心生氣,人心生血。」

人體健康要求精氣充足，也就是「天心」和「地心」必須是邏輯狀態「1」，這時，人體的所有部分都正常，可以寫成如下的健康公式：

健康＝天心 × 地心

這就是人體的「天人合一」。

《黃帝內經》蘊含了豐富的古天文學內容，並運用宇宙構造、天體位置和運行的原理來說明醫學原理、建構醫學體系。

宇宙結構與中醫理論

中國古代的宇宙結構學說，主要有蓋天說、渾天說和宣夜說三種。蓋天說（圖 2.8（a））始於西周前期，主要記載於《周髀算經》（中國最古老的天文和數學著作，勾股定理就出自這本書，唐代以後被規定為國子監明算科的教材之一）。該說認為宇宙天地的構形是天圓地方，天形如張蓋，頂部八萬里而向四周下垂，日、月、五星在天穹上隨天旋轉；天如同一個磨盤，被推著左轉（從東向南向西），日、月、五星在「天」這個左轉的磨盤上右轉（從西向南向東）；天穹像一個斗笠，大地像一個倒扣著的盤子，北極是天的最高點，四周下垂；天穹上有日月星辰交替出沒，在大地上產生晝夜的變化，晝夜變化是因為太陽早上從陽中出，而夜晚入於陰中。

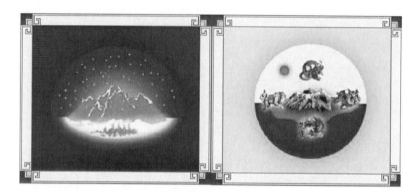

圖 2.8 蓋天說（a）和渾天說（b）

渾天說（見圖 2.8（b））始於戰國時期，主要記載於東漢張衡的《渾天儀注》。該說認為：天是一個橢圓形的球，像一顆雞蛋。其中一半儲有水，圓形的地球浮在水面上，天之包地，如殼之裹黃。中空的圓球如車輪般旋轉，日、月、星辰附著在圓球的內殼上運行。周旋無終，其形渾渾。

宣夜說始於戰國時代，主要記載於《晉書・天文志》，認為天既不是一個蛋殼，也不是一個蒼穹或圓面，而是無邊無涯的空間，空間充滿了氣，日月星辰飄浮在氣中，它們的運動受到氣的制約，氣的作用和運動，不是任意的，而是有一定規律的。

對於宇宙的結構，《黃帝內經》中有蓋天說、渾天說和宣夜說的描述。〈靈樞・邪客〉說：「天圓地方，人頭圓足方以應之。」含有蓋天說思想。〈素問・五運行大論〉說：「帝曰：地之為下，否乎？岐伯曰：地為人之下，太虛之中者也。帝

曰：憑乎？岐伯曰：大氣舉之也。」認為大地懸浮於宇宙之中，但不是憑藉水的作用托浮，而是依靠大氣的力量支撐。反映渾天說思想，又含有宣夜說的成分。〈素問・寶命全形論〉說：「天覆地載，萬物悉備，莫貴於人。人以天地之氣生，四時之法成。」有蓋天說的成分，但主要是強調「氣」的作用，因而含有宣夜說思想。可以說《黃帝內經》的宇宙結構觀主要是渾天說與宣夜說。

天體運行方位與《黃帝內經》

　　古代天文學家假想天球上存在一些點和圈（見圖 2.9），把地球軸線無限延長的線與天球的交點稱天極，其中在北方上空與天球的交點稱為**北天極**；地球赤道無限延長的平面與天球相交的大圓圈稱為**天赤道**；地球公轉軌道平面無限延長與天球相交的大圓圈稱為**黃道**；地平面與天球相交的大圓圈稱為**地平圈**。天赤道從東向西劃分為十二個方位，以十二地支標記，稱為十二辰。十二辰以正北為子，向東、向南、向西依次是丑、寅、卯、辰、巳、午、未、申、酉、戌、亥。正北為子，正東為卯，正南為午，正西為酉。〈靈樞・衛氣行〉所說的「子午為經，卯酉為緯」即指此而言。天球上有了這些基本的點和圈，天體的視位置和視運動才能夠得到精確的表述。

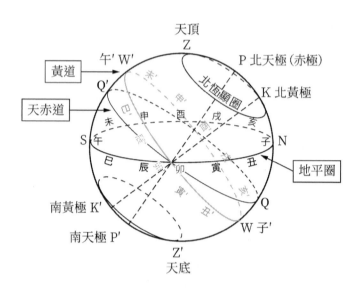

圖 2.9 古代與「十二辰」對應的天球坐標系

　　《黃帝內經》認為天球是一個以地球為中心的球形天空，這個天球不是宇宙的界限，但是它的存在對於觀察天體的視位置和視運動客觀上提供了行之有效的天文背景。由於地球自西向東自轉和公轉，《黃帝內經》所涉及的天體在天球上呈現出兩類運動：天球的週年視運動，其中二十八宿在赤黃道帶、北斗七星在恆顯圈內自東向西左旋，日月五星在黃道自西向東右旋；全部天體的週日視運動，自東向西左旋。

（1）日月

　　對於日、月和五大行星的運動，〈素問‧天元紀大論〉表述為「七曜周旋」的形式。七曜，即日、月和五星。七曜周

旋，是指古人站在地球上所見到日、月、五大行星等天體在黃道上的視運動。太陽的視運動有週日視運動和週年視運動兩種。太陽的週日視運動自東向南向西左旋，太陽的週年視運動自西向南向東右旋。《黃帝內經》對太陽視運動的描述是和晝夜四時相連繫的，例如〈靈樞‧衛氣行〉所說的「晝日行於陽二十五周，夜行於陰二十五周」，是說太陽的週日視運動；〈素問‧陰陽應象大論〉所說的「天有八紀」，是指太陽的週年視運動中，太陽在黃道上的立春、春分、立夏、夏至、立秋、秋分、立冬、冬至八個不同的位置而言。

月亮在空中的週期運動有兩種，一種是月相的朔弦望晦變化，稱朔望月週期；另一種是月球在恆星背景中的位置變化，即月球繞地球公轉一週的運動，稱恆星月週期。對於朔望月，〈素問‧八正神明論〉提到「月始生」、「月廓滿」、「月廓空」的月相盈虧盛衰變化。〈靈樞‧歲露論〉說：「故月廓滿則海水西盛」、「月廓空則海水東盛」，已經意識到月亮是引起潮汐的主要因素。對於朔望月週期，《黃帝內經》沒有明確論及，但〈素問‧六節藏象論〉有「大小月」的記載。對於恆星月週期，〈素問‧六節藏象論〉僅僅提供了「日行一度，月行十三度有奇焉」的資料。「月行十三度有奇」，即月亮每日在週天運行的度數。《黃帝內經》以週天為 365 又 1/4 度，每日行 13 又 7/19 度，則恆星月週期應該是 365 又 1/4÷13 又 7/19=27.32 天。

（2）五大行星

五大行星指金、木、水、火、土五星，《黃帝內經》又稱太白、歲星、辰星、熒惑、鎮星。五星的視運動指觀察者從地球上觀察行星在天球上的位置移動。〈素問・氣交變大論〉論述了五大行星的視運動，了解到行星的視運動有徐、疾、逆、順、留、守的運動變化規律，有「以道留久，逆守而小」、「以道而去，去而速來，曲而過之」、「久留而環，或離或附」三種運動軌跡，還論述了五大行星的亮度與顏色的變化，認為五大行星在運動軌跡的各個位置上，亮度和大小有著不同的變化，尤其是地外行星在衝前後，也就是逆行時，往往顯得最亮。

（3）北星

北星由北方天空恆顯圈內天樞、天璇、天璣、天權、玉衡、開陽、搖光七顆較亮的恆星組成，古人用假想的線把它們連接起來，像酒斗的形狀，所以稱為北。其中天樞、天璇、天璣、天權四星組成斗身，叫斗魁，又稱璇璣；玉衡、開陽、搖光三星組成斗柄，叫斗杓，又稱玉衡。天樞、天璇兩星之間畫一條連線並延長五倍處，便是北極星，北極星又稱「北辰」，是北方的標誌。北極星居中，北星自東向西運轉於外，旋（針）指十二辰。北星主要用來指示方向，確定時節。

《黃帝內經》中多處提到北星和北極星的名稱。〈靈樞・

九宮八風〉有「太一」、「招搖」的記載,「太一」即指北極星,「招搖」指北星的斗柄。古代秦朝以前,北包含有九顆星。除去前面提到的七顆之外,還有「招搖」和「天鋒」兩顆,都在斗柄附近。〈素問‧天元紀大論〉還有「九星懸朗」的說法。西元前兩千年前,北星靠近北極,北斗七星連同斗柄延伸下去的玄戈(牧夫座λ)、招搖(天龍座λ)都在恆顯圈內,故稱「九星懸朗」。《黃帝內經》還有北星圍繞北極星迴轉不息的描述,如〈靈樞‧九宮八風〉敘述了「太一」依次移居九宮,實際上說明北星圍繞北極星迴轉不息,旋指十二辰的運動。

（4）二十八（星）宿

古代天文學為了觀測日、月、五星的運行確定了二十八群恆星標誌,稱為二十八宿。二十八宿不僅和四象結合,並且和五色、五方、五行相結合(見圖 2.10),東方蒼龍,包括角、亢、氐、房、心、尾、箕七宿;南方朱雀,包括井、鬼、柳、星、張、翼、軫七宿;西方白虎,包括奎、婁、胃、昴、畢、觜、參七宿;北方玄武,包括斗、牛、女、虛、危、室、壁七宿。《黃帝內經》中已有記載。〈靈樞‧衛氣行〉說:「天周二十八宿而一面七星,四七二十八星,房昴為緯,虛張為經。」二十八宿的劃分,主要是以月亮的視運動作為依據的。

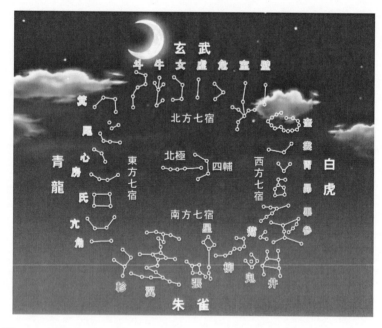

圖 2.10 古代「二十八（星）宿」和四象分布圖，「天象圖」相對「地圖」
都是「左右顛倒」的，需要拿起「天象圖」正對天空。

　　〈素問・八正神明論〉說：「星辰者，所以制日月之行也。」
這個「制日月之行」的星辰就是分布在赤道、黃道上的恆星
群。此外，又根據木星 12 年一週天，每年行經一次，在赤黃
道上自西向東把二十八宿重新劃歸為十二次。十二次的名稱
是星紀、玄枵、娵訾、降婁、大梁、實沈、鶉首、鶉火、鶉
尾、壽星、大火、析木。十二次是以牛宿所在的星紀作為首
次。十二次與二十八宿具有對應的關係。此外，二十四節氣
與十二次的形成有淵源，二十四節氣產生於十二次。

趣說月經與月相

《紅樓夢》第 10 回，儒醫張友士為秦可卿診治「月經不調症」。他在口述的脈案裡，將秦氏患月經病的病因、病機、症狀、辨證、治則以及疾病的預後等做了詳盡的闡述，開了一劑完整的湯劑處方「益氣養營補脾和肝湯」。在此之前，進出賈府的醫生曾預言，秦氏的病冬至前後可能危重。而張友士也推測說：「過了春分就可望痊癒。」書中還有關於冬至前後，賈母屢次派人去探視秦氏病情的描寫，連秦氏自己也說，過了冬至，便可望痊癒。這些描寫屢屢言及疾病與陰曆節氣的關係，其中包含著類似現代時間醫學和氣象醫學的內容在《黃帝內經》中就有闡述。

月經與月相的關係如何？《黃帝內經》中〈靈樞・歲露篇〉說：「人與天地相參也，與日月相應也。」這就是說，在千百年的進化過程中，人類的身體與所處環境、自然氣候等，不斷地相適應而生存，從而與自然界建立了生物節律同步的關係。〈素問・生氣通天論篇〉說：「平旦人氣生，日中而陽氣隆，日西而陽氣已虛，氣門乃閉。」也就是說，太陽影響人體內屬陽的物質，如氣、腑、督脈等；月亮則影響人體內屬陰的物質，如血、臟、任脈等。「子午流注學說（見圖 2.7）」指出，人體在一天內經脈氣血的運行、穴位的開合、經脈的交接、營衛的運行等，與自然界具有同步的規律性週期變化，氣血盈時而至為盛，過時而去為衰；穴位逢時為開，

過時為閉，這就為臨床診斷，針灸和服藥治療疾病，預測疾病的轉歸、預後等提供了理論依據。

月亮屬陰，它的陰氣對人體影響最明顯的，莫過於婦女的月經了。明代大醫學家李時珍說：「女子陰類也，以血為主，其血上應太陰，下應海潮。月有盈虧，潮有朝夕，月事一月一行，與之相符，故謂之月信、月水、月經。」現代醫學也意識到這一點，即太陽黑子的變化和月亮的盈缺，與地球的氣候異常、疾病的流行、症狀的發生等關係密切。有人就認為：月亮對占人體 80% 的體液的影響，是因為其化學成分與海水相類似的緣故。「月光顯然地控制了內生太陰節奏的週相」認為人為地干擾了這個週相關係，就會使人體失去平衡，而使人體的生理時鐘紊亂，變生出各種疾病。

我們知道月球連續兩次合朔的時間間隔約為 29.53 天，而女性的月經週期平均約為 29.5 天。婦女的「黃體」的形成，正好為半月節律，時間為 14±2 天。因此，不論是體力、環境、氣候、情緒、飲食等各方面的原因，影響到婦女的太陰節奏，都可使月經週期發生變化，從而出現各種月經疾病，如痛經、經閉、崩漏、月經先期或後期等。根據《黃帝內經》所說的「月生無瀉，月滿無補」的原則，調查發現女人的正常月經與月相的關係，以朔月（新月）附近月經來潮的人最多。

不僅是婦科疾病，子午流注學說在養生、用藥、護理

等方面也有指導意義。按照經氣運行的規律，心的經氣午時（11：00——13：00）最強，子時（23：00——1：00）最弱；腎的經氣酉時（17：00——19：00）最強，卯時（5：00——7：00）最弱。臨床統計也顯示，心臟病患者的發病和死亡多在夜間，而腎氣虛的腎炎患者，以早晨時浮腫最明顯。這就為臨床用藥提供了獲得最佳療效的時機。也就是所謂的「早暮不合其時……不唯無益，反而有害」。說明了擇時服藥的重要性。在臨床上，扶陽益氣、溫中散寒、行氣消腫的藥物，應該早晨或上午服用；滋陰補血、鎮靜安神的藥物，宜午後或傍晚服用，才能收獲最好的療效。就連中藥的品質都與採集時間有關，故有「道地藥材」之說。除了產地的要求外，要根據藥性和使用部位來決定採集的時間。以附子為例，唐朝就記載其品質與「採收時月」有關。

《黃帝內經》告訴我們人與大自然是息息相關的。因此，順其自然，頤養保健，是人類健康長壽的方法之一。作為婦女，更應該節情志、慎起居、調飲食、和陰陽，合體與生理時鐘節律規則，避免太陰週相的紊亂。體內的激素週期性地、規律地分泌，就不會發生各種月經疾病了。

左（右）旋體胺基酸

太陽的週日黃道視運動是東升西落（見圖 2.11），實際上是地球的自轉運動，即赤道的左旋順時針方向運動，它同時

111

帶動整個天球的運轉。太陽的週日視運動逐日一點一點地在天空中移動著，它是一種「左旋螺旋式」的運動。而太陽的週年黃道視運動卻是右旋的逆時針方向運動，實際上是地球的公轉運動，它是一種「右旋螺旋式」運動。這就是說，太陽黃道視運動，可以分為週日和週年兩種，但兩者的運動方向卻完全相反，是一種雙螺旋運動。《黃帝內經》稱之為「天氣右行」，「上者右行」與「地氣左行」，「下者左行」。按順時針方向運動的週日黃道視運動稱之為「地氣左行」，按逆時針方向運動的週年黃道視運動稱之為「天氣右行」。

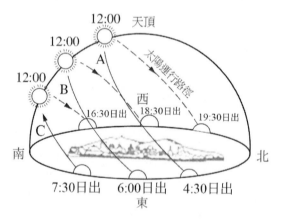

圖 2.11 太陽的週日視運動是東升西落，是順時針的，稱其為「左旋螺」運動；而地球的公轉運動是逆時針的，稱其為「右旋螺」運動。

太陽的這種左旋和右旋運動，是自然界普遍存在的現象。現代動物機體蛋白質水解後可以產生二十多種胺基酸，稱為蛋白胺基酸，均為逆時針方向右旋體結構。當動物死後，有機體在自然條件作用下，胺基酸右旋體結構卻慢慢地向順時針方向左旋體轉化。這說明動物體在活著時體內產生的是右旋體胺基酸，而當死亡後就會逐漸轉化為左旋體胺基酸。胺基酸是一切動物體生命的主要組成部分 —— 蛋白質的基本單位。因此，右旋體胺基酸就是動物體生命的基礎。再如植物體內所含澱粉，都是以逆時針方向右旋糖為單位連在一起的。所有的澱粉，只有右旋糖鏈有長度的不同和排列組合的不同。右旋糖是在植物生長發育過程中大量生成的。植物死後，在酶的作用下轉化為順時針方向的左旋糖。這說明澱粉是一切植物生命的主要組成部分。而右旋糖則是澱粉的基本單位。由此可見，右旋糖的產生是植物生命存在的基礎，右旋糖的減少使植物生命走向死亡。而左旋糖的生產過程，就是植物走向死亡的過程。

這就是說，無論是動物還是植物，一切生物都受著天體運動左旋和右旋的影響，「天氣右旋」運動主宰著一切生物的生長，「地氣左旋」運動主宰著一切生物的死亡。因為天氣為陽，陽主生，地氣為陰，陰主死。《黃帝內經》認為，萬物的生長，「壯、老、死」的過程，皆取決於太陽的右旋與左旋視運動。

2.2 《易經》是一本偉大的哲學著作

《易經》是十三經第一本，四庫全書第一本。《易經》是中華文化的源頭活水，演繹著中華民族最深層的心理結構。在儒家，它是群經之首；在道教，它是三玄（《老子》、《莊子》和《周易》是「玄學」的根本）之一。它「總萬教於一本，約千訓於一義」。它是華夏思想與哲學的源頭，是文學的鼻祖。

2.2.1 《易經》的「三觀」

《易經》並不只是一本占卜之書，它的精髓，或者說，它的實質，是一種對人生和世界的哲理性的思考，它賦予人們一種世界觀和人生觀 —— 中華式的思維方式。它可以說是影響中華民族最深、最廣的一本哲學著作，是它成就了我們整個中華民族。

《易經》中的人生態度

《易經》有一個基本觀點，就是自然規律和社會規律的一致性。《易經》首先強調的是知天，即了解、掌握自然界規律的變化。《易經》用一整套特有的卦象系統，把自然界複雜的變化概括地予以表現，然後讓人根據自然界變化的規律，去了解自己目前的處境，設計自己應該採取的行動。更為深刻的是《易經》六十四卦的整體排列所展現的宇宙變化，這個排列可以用來表示一年三百六十五天的陰陽遞轉，顯示春夏

秋冬、二十四個節氣；也可以用來描述天象的變化，把斗轉星移囊括其中。掌握這些，我們才能知天。但知天並不是目的，知天的目的是順天。《易經》除提出知天、順天等處理天人關係的重要原則外，還提出「樂天」的思想。樂天就是對人生抱持一種達觀的態度，超越具體功利的審美的態度。

　　《易經》所提倡的人生態度，認為人在世界上是不能做到事事如意的。一方面人應該努力地追求自己的理想，力求達到自己的目標；另一方面也不要把一時的成敗、一事的成敗看得過重。如若自己的理想、願望由於主客觀的種種原因未能達到，也不應因此而頹廢。就算這種不成功是「天意」吧，也應該對「天」抱持一種寬容的態度。

《易經》中的人際關係處理

　　天人關係是《易經》的哲學主題，《易經》探討天人關係是為了找出為人處世的原則。天人關係的討論是宏觀的；而人際關係的討論是微觀的。

　　《易經》認為，人之處世，第一要義是要找到自己應處的位置。老子說過「多言數窮，不如守中」，「守正」、「守中」都是一樣的道理。「守正」是《易經》推崇的為人處世的第一法寶。按照《易經》的觀點，天地萬物各有其位，人不例外。每個人都應在世界上找到自己應處的位置，如若這樣，世界就是有序的了，就不會有禍亂產生了。

　　《易經》推崇的處世法寶，第二便是「中孚」。「孚」，誠信；「中」，在這裡表示出自內心。因為只有真情才能換取真情；只有摯信才能換取摯信。這個世界的維繫並不全靠金錢、權勢，更要靠人與人之間的理解和信賴。而這些屬於人的精神生活方面的東西，往往用金錢是不能夠買到，靠權勢不能夠掠取的。

　　《易經》推崇的處世第三法寶是「尚和」。「和」在《易經》中是個十分重要的思想，「和」與「中」常常連在一起，稱為「中和」。「中」要求做事不走極端，要適度；「和」則要求與他人關係要協調，要順暢。「中」是講個體所處的位置，「和」則是講個體與個體、個體與群體的關係。「和」的思想展現在《易經》的整個體系之中，而整個《易經》體系就是一個生命通達、循環不息的和順的整體。

　　守正，中孚，尚和 —— 這是《易經》作者從其對生活的深刻體察中，所總結出來的處理人事關係的三個基本法則，也是我們需要學習和去實踐的人生哲學。

《易經》中的處事原則

　　人在這個世界上會遇到種種不同的處境，要處理種種不同的事務。要怎樣才能把事情辦好，在可能的條件下取得最好的結果呢？《易經》透過六十四個卦的解析為我們提供了極為具體的指導。概括起來，《易經》認為處事的基本態度是

果決、審慎、適變。

　　世界上的事情，順利的有，不順利的可能更多。有些事真要去辦，還要冒些風險。當然，不去冒險，自然較為平安，但也必然是平庸，無大成就。世上凡要做大事者，無不歷經風險，沒有風險意識，沒有敢闖難關的勇氣，沒有臨事果決的魄力，怎能取得超乎尋常的業績呢？在戰爭中兩軍對壘，戰局風雲變幻莫測，取勝者，大多是指揮果決、敢出奇兵、敢冒風險的一方。不過，話又要說回來，果決、勇敢必須以理性的分析做基礎，必須以審慎相輔佐，否則就會走到願望的反面。《易經》就是這樣教人將勇與謀，果決與審慎很好地結合起來。但這些都要在適應變化的基礎上，要適應變化，就是要我們看清事物變化的規律。了解這些，我們就不必為自己目前淤塞的處境而灰心、頹喪。你可以創造條件，改變這種處境，爭取光明的前途。同樣，你處在極為順利的處境，並正在飛黃騰達的時候，也不要被幸運沖昏頭腦，要當心物極必反，要為自己留下餘地，留出退路，否則可能後悔莫及。

《易經》的影響是時時刻刻的

　　中醫的陰陽學說就是來自《易經》。這個我們在前面的《黃帝內經》中已有介紹。東漢時期的《神農本草經》也是運用了八卦取象的觀念，確立了中醫的用藥原則。張仲景的

《傷寒論》更是把陰陽學說和太極「合三為一」的思想發展為「六經學說」，創立了六經辨證的原則，奠定了臨床醫學的基礎。

《易經》對軍事理論有直接的影響。宋代《三字經》的作者王應麟在《通鑑答問》中稱：「蓋易之為書，兵法盡備。」《易經》六十四卦，很適合戰爭中機動策略的選擇，歷史上著名的軍事家孫臏、吳起、諸葛亮等，都根據《易經》原理排兵布陣（見圖 2.12）。歷史上戚繼光抗倭，在創立陣法時也參考《易經》原理。

圖 2.12 古代軍事上的「八卦陣」

《易經》對武術發展也有很大的啟發。《易經》中有「君子以除戎器，戒不虞」的（卦）辭，是說「君子應整治兵器，以防不測」，對習武健身、防身觀念的形成有直接影響。八卦掌、太極拳等，都來自《易經》理論。

《易經》對建築學的影響主要和「風水」學說緊密相關，

古代的城建布局、建築設置等都要以《易經》理論為指導，四合院就是陰陽平衡、天人和諧觀念建築的典型。傳統建築中的「九梁十八柱」等都是從《易經》中獲得靈感，故宮角樓就是這種風格的典型。

圍棋也是根據《易經》原理演變的遊戲，被認為是世界上最複雜的遊戲之一。此外，《易經》在園林、養生、環保、農業等方面都有著巨大影響。《易經》強調與時偕行的變易思想，是和諧文化、與時俱進等國學傳統思想的主要來源。

《易經》回答了諸多哲學、天文、預測等方面的問題，是真正的一分為二觀點。它注重推理和條件約束，沒有任何宗教色彩，透過象、數、理的推演，展示了獨特的宇宙觀，回答了物質、能量、訊息、質量轉換、辯證法則（主次要矛盾、普遍和特殊）、整體運動變化、人的意志等純哲學命題，具有世界觀和方法論方面的重要意義，獨樹一幟。《易經》預測所利用的偶合律，最早找到偶然性和必然性的完美結合點，是探討偶然和必然哲學範疇的先聲；其二元世界統一論思想，揭示了宇宙空間的普遍法則。

《易經》中的很多詞語至今仍在我們口頭應用，「突如其來」、「夫妻反目」、「謙謙君子」、「虎視眈眈」等。「咥」仍是陝西方言中「吃」的代名詞，「與時俱進」典化於《易經》的爻辭，經典名句「自強不息，厚德載物」，老蔣的名字「介石」、字「中正」，均來自於《易經》。

《易經》對中華文化的影響，可以說是無處不在。對儒家、道家、中醫、政治、軍事、文化、民俗影響深廣，是世界上傳承非常完整、綿延不絕、生生息息的文化瑰寶。

2.2.2 《易經》的起源和發展

《易經》釋義

易的釋義基本有四種：上日下月為易；如蜥蜴變化為易；化繁就簡為易；金烏，大日，生命。

經的釋義為三個：通「徑」字，路徑；經典；方法。

綜合起來，《易經》的作用就是指導人們深入觀察自然界的各種現象，了解天人合一、陰陽相輔相成的辯證統一關係，充分把握天時、地利、人和之際遇，在適合的環境中實現人生的最大價值。《易經》涉及天文學、數學、邏輯學、哲學、修行學、占卜術等。因此，它成為道家、儒家、陰陽術數的經典，三教在各自領域內對其有不同的理解和應用。

《易經》的產生和發展變化

歷史傳說中，有伏羲畫八卦（見圖 2.13）、周文王作《周易》（所以《易經》又被稱為《周易》）、孔子修易之說；神話故事中又有連山易祖作易、九天玄女傳易等說法。因其年代久遠，道、儒、術三家理解有不同，至今關於易經如何產生

及發展說法不一。從繼承較好的道家及術數派來看，基本有天書神授之意。

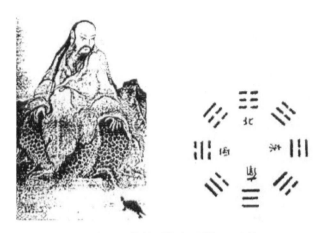

圖 2.13 伏羲（生卒不詳），八卦

綜合來說，《易經》是遠古眾多聖人（或神人）根據大自然（天道、生命）的發展變化規律，經過很長的年代創作並不斷修改而成的。其中，經上古聖人（連山易祖、九天玄女）某一時期集大成，作成《連山古易》。聖人盤古之世，又作《歸象易》。又經過很長的時間，聖人觀察大自然變化，結合社會的發展，重修易經，作成《歸藏易》。《歸藏易》偏重於個人修行及人類發展的問題。到周文王時，自然及社會環境又發生變化，文王對易經進行了演繹發展，而名《周易》（周表示周朝、圓周、周轉迴歸的意思）。到孔子時，其所增修易偏重於義理（哲學）。稱之為《易經》。

在《左傳》中已有《周易》的記載，如《左傳‧昭公七年》：「孔成子以《周易》筮之。」說明《周易》最晚在春秋戰國時代已經出現了。目前，對《周易》成書的時代，學術界尚有爭論，但成於西周前期之說為大多數所接受。

至於《周易》的「周」字，歷來說法頗多。例如，有人認為：周是「易道周普無所不備」的意思；也有人認為，周易是指周朝。周朝為一般人所接受，很多人認為《周易》的「周」字是朝代的名稱。

而《周易》的「易」字解釋則更為紛繁。

一說：「易之為字，從日從月，陰陽具矣。」、「易者，日月也。」、「日月為易，剛柔相當。」

一說：「易，飛鳥形象也。」

一說：「易，即蜴。蜥蜴因環境而改變自身顏色，日之易，取其變化之義。」

清代陳則震著《周易淺述》，將「易」的定義歸之為二：

曰：交易，陰陽寒暑，上下四方之對待是也；

曰：變易，春夏秋冬，循環往來是也。

無論何種解釋，說《周易》是講陰陽兩種勢力相互作用，產生萬物，「剛柔相推，變在其中」，則是不會錯的。

到了西漢，儒家學派將《周易》與《詩》、《書》、《禮》、《樂》、《春秋》等奉為經典，稱為「六經」。

伏羲畫的八卦為：乾、震、坎、艮、坤、巽、離、兌；

八卦符號：乾三連，坤六斷，震仰盂，艮覆碗，離中虛，坎中滿，兌上缺，巽下斷。

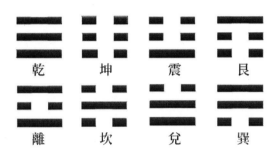

圖 2.14 八卦符號

八卦的數字代表：乾一，兌二，離三，震四，巽五，坎六，艮七，坤八；

八卦的方位表示：乾，西北、坎，北、艮，東北、震，東、巽，東南、離，南、坤，西南、兌，西；

八卦的五行對應：乾、兌（金），震、巽（木），坤、艮（土），離（火），坎（水）；

八卦的相生相剋：乾、兌（金）生坎（水），坎（水）生震、巽（木），震、巽（木）生離（火），離（火）生坤、艮（土），坤、艮（土）生乾、兌（金）；乾、兌（金）克震、巽（木），震、巽（木）克坤、艮（土），坤、艮（土）克坎（水），坎（水）克離（火），離（火）克乾、兌（金）。

八卦與季節的對應（四季是指每個季節的後一個月）：乾、兌旺於秋，衰於冬；震、巽旺於春，衰於夏；坤、

艮旺於四季，衰於秋；離旺於夏，衰於四季；坎旺於冬，衰於春。

《易經》三大原則

變易

萬事萬物都是隨時變化的，沒有不變的人、事、物，現在晴空萬里，說不定馬上就傾盆大雨。三十年河東，三十年河西；成功不要得意忘形，失敗也不要垂頭喪氣。所以說《易經》從不講宿命論，人的命運是自己創造的，也是隨時變化的，就看你現在正在做的事情，卜卦算命看風水只是《易經》的一個基本內容，《易經》是哲學，裡面包含的內容實在是太多了，上通天文，下通地理，中通人事，讀通《易經》就可以想通許多的人生哲理。

簡易

萬事萬物都是非常簡單的，大道至簡，一個詞語就包括了許多的意思。當遇到解決不了的問題時，就向簡單的方面考慮，不能想得太多，因為會越想越複雜。

不易

萬事萬物的變化有一定的規律可循，像四時交替，花開花落，地球永遠繞太陽轉，月球永遠繞地球轉，宇宙都如

此，更何況我們只是宇宙中的縹緲一粟呢，我們人也是有規律的，人是有命運的，但命運是可以改變的。因為變易講萬事萬物都是隨時變化的。

《易經》的四個理論框架

全像對應論

萬事萬物都是相互對應的，沒有單獨存在的道理，一件事情的發生，往往預示著另一件事情也會發生，就像食物鏈與生物圈一樣，人、事、物都是相互關聯的。一件事情改變了，必會影響與其相關聯的所有事物；一個人改變了，必將影響與其相關的所有人，我們都生活在一個全像網路中。

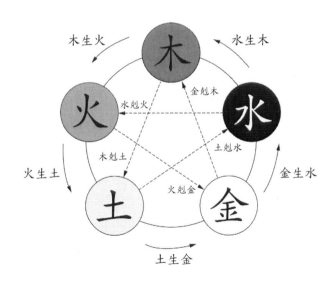

圖 2.15 五行相生相剋

五行生剋制化論

萬事萬物都可以歸類到五類元素 —— 金木水火土。一物生一物，一物剋一物，沒有最強者，也沒有最弱者。事物在相生相剋中才能得到發展，我們人也分為「五種人」，相生的規律是：金水木火土金，相剋的規律是：金木土水火金，可以看出只有相對最強與最弱，沒有絕對最強與最弱。

陰陽論

萬事萬物都分陰陽，陽中有陰，陰中有陽，純陽純陰的事物是不存在的。大慈善家也有見不得人的一面，十惡不赦的罪人也是有良心的。陽久必陰，陰久必陽，陰陽是互相轉化的。一個人的成就到達最高峰時必將走向衰弱，一個人失敗到極點時，也是成功開始的時候。萬事不能做得太絕，太絕對了容易出問題，要窮寇莫追、網開一面。

時空論

萬事萬物的變化都隨著時間、空間的變化而變化，時間或空間變了，事物也會隨著變化，做事情不可冒進，也不可畏縮不前，不僅要逢時，還要逢位。讓一個外國的管理大師來管理國內的企業，他也許就成為一個大笨蛋，因為空間變了。你在這個工作環境不順心，你可以換一個工作環境，也許你就適應了，因為空間變了。人也會變化的，今年你非常

倒楣，喝涼水都塞牙，說不定明年你就大展宏圖，因為時間變了，人也會隨著變化。

2.2.3 《易經》與天文

《易經》是一個複雜而完備的集哲學原理、核心理論、符號系統和運算法則為一體的，能反映天、地、人運動規律的一大體系。

《易經》的哲學原理是天地人合一的哲學論斷，其核心理論是陰陽五行學說，它有兩大符號系統：八卦符號系統和干支符號系統，其運算法則是陰陽五行間的相互作用。

《易經‧繫辭》有言：「古者包犧氏之王天下也，仰則觀象於天，俯則觀法於地，觀鳥獸之文與地之宜，近取諸身，遠取諸物，於是始作八卦，以通神明之德，以類萬物之情。」可見，《易經》是觀察世界、認識世界的學問，是古人透過仰觀天象、俯察地理而對天、地、人的哲學總結。也可以說與天文學是結合得最緊密的，《易經》並不是古人的憑空想像，它有其深刻的天文學背景，是古人透過觀天察地而得出的科學論斷。

《易經‧繫辭》曰：「易者，象也；象也者，像也。」、「懸象著名莫大乎日月。」古人類觀察日月的運行特點，是最重要的觀天活動。

對地球人而言，太陽的升降和月亮的出沒，是最常見的

天文現象。太陽升起萬物復甦，溫度上升，使大地具有了升發和溫暖向上的特徵，也就是《易經》所說的陽的特點；而日落月升，則使太陽的影響逐漸減弱，溫度降低，大地便具有了收斂和滋潤而向下的特徵，也就是《易經》所說的陰的特點。

觀日影繪太極圖

卦字的「圭」旁代表古人在測量天地時築的一個土臺，即觀象臺。卦字當中的一豎代表土臺上放置的一個八尺高的標竿，用以測量日影的長短變化和天體間的距離。「卦」字右邊的一點代表測量日影占卜的人。放標竿的地方稱為太極點。以一個太陽年為週期，對北半球而言，冬至時日影最長，夏至時日影最短。以冬至時為標竿，日影的長度為直徑，以冬至（南）、夏至（北）、春分（西）、秋分（東）四個點連線建立一個平面直角坐標系（見圖 2.16（a））中的南北、東西連線。考慮一年中太陽視運動在地面形成的軌跡的走向變化，就是一張「太極圖」。

標竿（見圖 2.16（b）中的竹竿）日影的長度，夏至日影最短，冬至日影最長，秋分、春分日影長度相等，但變化方向相反。

太陽圍繞地球運行一周（考慮太陽的視運動）的圓周運動，和日影的長度圍繞春分點和秋分點在冬至點和夏至點之

間的簡諧運動，復合以後即為太極圖。可以這樣猜想，《易經》基礎之一的太極圖是古人由日影的變化而聯想產生的。

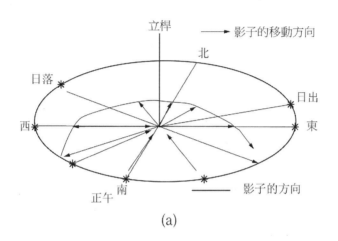

(a)

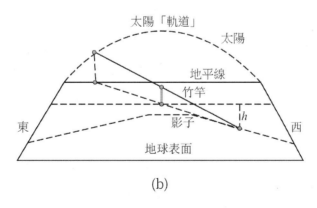

(b)

圖 2.16 日影

觀月亮的圓缺規律 —— 月相，知八卦圖

月相是最能反映陰陽變化規律的天文現象。在《易經》體系中，陽性的事物用符號 ━ 表示，陰性的事物用 ╍ 表示。由陽到陰的轉化代表了事物發展變化的過程，而這一轉化過程，相信就是古人由觀察一個朔望月中月相的變化得來的。起碼這一「聯想」比由日影變化聯想到太極圖要容易和現實得多（見圖 2.17）。

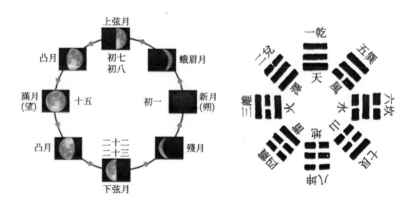

圖 2.17 月相的盈缺與伏羲先天八卦圖對應

陰曆十五，滿月，亮度最大，陽氣盛極，陰氣衰極，古人用八卦符號表示為乾（☰）；初一，新月，亮度最小，陰氣盛極，陽氣衰極，表示為坤（☷）；上弦月和下弦月則記為坎（☵）和離（☲）；凸月為巽（☴）和兌（☱）；蛾眉月為艮（☶）；殘月為震（☳）。這樣由陽到陰的（事物）轉變，八卦中的順序（類似太極圖的走向）就是：乾（一）、兌

（二）、離（三）、震（四）、巽（五）、坎（六）、艮（七）、坤
（八），對應了滿月、凸月、下弦月、殘月、凸月（倒像）、上
弦月、蛾眉月、新月，這樣一個盈缺的週期變化。也就是把
月相和先天八卦形成了完整的對應。

觀五星知河洛（圖）、五行（金、木、水、火、土）

對太陽系最重要的五顆行星——金星、木星、水星、火
星、土星運行的規律進行觀察。透過研究五星的出沒特點，
可以描繪出中國古代最著名的河圖洛書來，完成對金、木、
水、火、土五行的界定。

中國的彝族天文學有著特殊的發展過程。彝族的「十月
太陽曆」一年有十個月，每年從冬至日開始，每月 36 天，全
年 360 天，餘 5 ～ 6 天（冬至、夏至）為過年日。它以太陽
運行定冬夏（季），觀北斗七星的斗柄指向定寒暑。按照彝族
的十月曆所定義的月分，正月、六月在北半球觀察天空，則
水星出沒在天空的北方；二月、七月火星則出現在天空的南
方；三月、八月木星則出現在天空的東方；四月、九月金星
出現在天空的西方；而五月、十月土星則出現在天空的中央。

把以上觀察概括抽象為一簡單的圖形，即為河圖，河圖
可理解為人類的坐地觀天圖（見圖 2.18（a））。

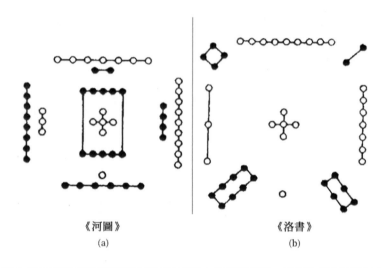

《河圖》　　　　　　　《洛書》
　　(a)　　　　　　　　　　(b)

圖 2.18 河圖洛書用圖形和數字反映了五大行星的出沒，五行的相生相剋和八卦的位置關係

　　河圖的基本內容為：1、3、5、7、9 月在位置上為上方，用白點表示，代表陽；2、4、6、8、10 月在位置上為下方，用黑點表示，代表陰。坎一生水，地六成之；地二生火，天七成之；天三生木，地八成之；地四生金，天九成之；天五生土，地十成之。

　　洛書即坎一、坤二、震三、巽四、申五、乾六、兌七、艮八、離九（見圖 2.19）。

　　人在太陽系之外觀察地球，以十月曆為參照，太陽系的五大行星在地球上的投影即為洛書（見圖 2.18（b））。此即人們常說的九宮八卦圖。

南
4 9 2
東 3 5 7 西
8 1 6
北

圖 2.19 九宮八卦數字排列圖

測日月星辰得干支記時

干支和干支記時

古人用十天干和十二地支兩兩相配，組成六十對干支，即常說的六十花甲子。例如 2010 年用庚寅表示。同理月、日、時也用一對干支來表示。用干支來表示年月日時的記時系統即為干支記時系統。

二十四節氣與月

月所代表的十二地支是地球圍繞太陽運動的真實記錄。

二十四節氣代表一個太陽年（約 365 天）中地球圍繞太陽運動時的位置特點。古人以北斗七星為參照物，把斗柄所指方向和十二地支相配，從而確定十二地支的方位和特點（正所謂斗柄指寅，天下皆春）。每個月由兩個節氣組成。

每年從立春開始，一月（正月）包含立春和雨水兩個節氣。以此類推，二月由驚蟄和春分組成。

地球自轉與干支

地球圍繞太陽公轉同時也在自轉，平均 24 小時轉一周。古人把兩小時計為一個時辰，即晚上 11 點為一天的開始記為子時，依次為子丑寅卯辰巳午未申酉戌亥十二個時辰。

透過對《易經》的天文基礎的探討我們可以看出，它是以天地人合一的哲學思想為指導、以陰陽五行為其核心理論、以八卦體系和干支體系為語言，涵蓋宇宙萬物、以人為本的一個嚴密體系。《易經》並不神祕，與封建迷信更是風馬牛不相及。《易經》之所以被披上神祕玄學的外衣，是因為它曾經的「王權專用」身分。最初，《易經》是被統治者壟斷的神聖典籍，由王朝的史官掌管和使用，只為統治者服務，連諸侯國的君主都無緣一見。直到西元前 707 年（東周時期，周桓王十三年），陳厲公的小兒子陳完出生，由於周王室衰微、王權沒落，出現了「周史有以《周易》見陳侯者」（見《左傳·莊公二十二年》），《易經》才得以流傳於天下。而《易經》的使用又往往伴隨著莊嚴隆重的占筮儀式，更使其顯得神妙莫測了！

2.3 《易經》是怎樣用來算命的

說到《易經》是怎樣用來算命的,也就是要說明怎樣使用《易經》和《易經》有什麼用的問題。這些都和《易經》的「出處」有關。前面我們講過,《易經》起源於伏羲畫卦,是「神人天授」,後來有了《連山》、《歸藏》,再後來有了周文王撰《易》,又有了孔夫子對《易經》的解釋,也就是所謂的「十翼」。所以,後來人一直都認為,現在的《易經》是古代先人們的「經」和經過孔夫子解釋的「傳」而組成的。

「經」由六十四卦和有著解說作用的卦、爻辭組成,分為上、下兩經,上經三十卦(俗稱外卦,多涉及社會),下經三十四卦(俗稱內卦,多涉及個人和家庭)。六十四卦是由八經(主)卦兩兩相重而成的,每卦由陽爻(━)、陰爻(╌)兩類符號由下而上畫成。八經卦即乾(☰)、坤(☷)、震(☳)、艮(☶)、坎(☵)、離(☲)、巽(☴)、兌(☱),其基本象徵分別為天、地、雷、山、水、火、風、澤。陽爻(━)和陰爻(╌)屬性相反,陽爻也稱剛爻,代表陽剛、尊崇、男性、奇數以及其他象徵積極向上的事物;陰爻也稱柔爻,代表陰柔、卑賤、女性、偶數等消極向下的事物。六十四卦是由八經卦兩兩相重而成的,故每卦由六爻組成,自下而上分別稱為初、二、三、四、五、上,陽爻稱「九」,陰爻稱「六」。下卦又稱內卦或下體,由初、二、三爻構成;

上卦又稱外卦或上體，由四、五、上爻構成。例如泰卦䷊，自下而上分別為初九、九二、九三、六四、六五、上六，下卦為乾，上卦為坤。六十四卦卦形之後為卦名，卦名之後為卦辭，即解釋每卦要義的文辭。解釋卦中每爻要義的文辭稱為「爻辭」。以乾卦為例，「乾䷀，元，亨，利，貞。初九，潛龍勿用」，其中䷀為卦象，「乾」為卦名，「元，亨，利，貞」為卦辭，「初九」為爻題，「潛龍勿用」為爻辭。除六爻爻辭外，乾卦還附有用九，坤卦還附有用六，這是其他卦中所沒有的。

「傳」是孔夫子解說「經」的部分，共有十篇，又被稱為「十翼」。「翼」為輔助羽翼之意，「十翼」的作用就是輔助闡釋經文部分，包括〈彖傳〉上下、〈象傳〉上下、〈文言傳〉、〈繫辭傳〉上下、〈說卦傳〉、〈序卦傳〉、〈雜卦傳〉共有十篇。〈彖傳〉又稱〈彖辭〉，用來說明各卦的基本觀念，裁斷卦名、卦辭所含的意蘊。孔穎達（唐朝經學家，孔子的第三十一世孫）在《周易正義》中說：「〈彖辭〉統論一卦之義，或說其卦之德，或說其卦之義，或說其卦之名。」〈彖傳〉上篇解說上經三十卦，下篇解說下經三十四卦。〈象傳〉也稱〈象辭〉，重在解說卦名、卦義及爻辭，分為〈大象〉、〈小象〉。〈大象〉解說六十四卦，〈小象〉解說三百八十四爻。〈象傳〉上、下篇分別解釋上、下經。〈繫辭傳〉是通論性質的著作，從義理方面對經文做了比較全面的辨析和闡發，包括

《易》的來源、卦爻的象徵意義、《易》中包含的道理、《易》的神妙功用、對人事的指導意義、占筮方法、卦爻的分析方法等，還對某些卦爻作了選擇性的解釋。〈文言傳〉專門解釋乾、坤兩卦的篇名，孔穎達《周易正義》摘引莊氏的說法為：「文謂文飾，以乾、坤德大，故特文飾，以為〈文言〉。」〈說卦傳〉主要解釋八卦性質和象徵，即孔穎達所謂：「〈說卦〉者，陳說八卦之德業變化即法象所為也。」〈序卦傳〉說明六十四卦的排列順序與意義，〈雜卦傳〉則是以卦德屬性相反的兩卦為一對，說明各卦之間的錯綜關係。

關於《易經》的出處和如何使用《易經》，自古以來爭論很多。而南宋的儒學家朱熹說得很中肯：「今人讀《易》，當自分為三等：伏羲自是伏羲之《易》，文王自是文王之《易》，孔子自是孔子之《易》。讀伏羲之《易》如未有許多彖、象、文言說話，方見得《易》之本意，只是要作卜筮用。如伏羲畫八卦，哪裡有許多文字語言，只是說八個卦有其象……只是使人知卜得此卦如此者吉，彼卦如此者凶。……及文王、周公分為六十四卦，添入『乾』元亨利貞、『坤』元亨利牝馬之貞，早不是伏羲之意，已是文王、周公自說他一般道理了。然猶是就人占處說，如卜得乾卦則大亨而利於正耳。及孔子繫《易》作《彖》、《象》、《文言》，則以元、亨、利、貞為乾之四德，又非文王之《易》矣。孔子僅是說道理，然猶就卜筮上發出許多道理，欲人曉得所以凶所以吉。」

2.3.1 《易經》「算命」方法

　　易經占卜方法頗多，都以《易經》正解自居。真正的解法來自於孔子的〈繫辭傳〉。

蓍草占卜法

占卜原理原則

　　《周易‧繫辭上》中論述古易撰蓍草取卦時提到：「天一地二，天三地四，天五地六，天七地八，天九地十。天數五，地數五，五位相得而各有合。天數二十有五，地數三十，凡天地之數，五十有五，此所以成變化，而行鬼神也。大衍之數五十，其用四十有九。分而為二以象兩，掛一以象三，揲之以四以象四時，歸奇於扐以象閏。五歲再閏，故再扐而後掛。乾之策，二百一十有六；坤之策，百四十有四，凡三百有六十，當期之日。二篇之策，萬有一千五百二十，當萬物之數也。是故，四營而成易，十有八變而成卦。八卦而小成，引而伸之，觸類而長之，天下之能事畢矣。顯道神德行，是故可與酬酢，可與祐神矣。子曰：『知變化之道者，其知神之所為乎。』」

起卦

　　首先是準備階段，潔身致敬，氣氛莊嚴肅穆。而後取出

占筮的工具——50 根蓍草（也可用竹籤、小木棍代替），算
之前，先拿給被算的人，讓他默念將要筮問的事項虔誠地告
知業已準備好的 50 根蓍草。這就可以「起卦」了。

(1) 從 50 根蓍草（木棍）中取出一根（象徵太極）放在一
    邊，假定為 A 處，只用 49 根來算。

(2) 把 49 根木棍隨機分成左右兩堆（象徵兩儀或天地），叫
    做「分二」。然後從右邊的（是指被占筮者，被算的人
    坐在算命人的對面）一堆中拿出一根（象徵人）也放在
    一邊，假定為 B 處，不要和 A 處的那一根混在一起。
    這叫做「掛一」，此根木棍代表天地人中的「人」，也表
    示這是第一變。

(3) 然後將兩堆木棍中左邊的一堆，按四根一組（象徵四象
    或四季，給出被算者宇宙的時間序列），進行排列，叫
    做「揲四」。將最後剩下的一、二、三或四根放到一邊
    （象徵閏月），假定為 C 處，也不能和 A、B 混在一起。
    然後將右邊一堆木棍同樣按四根一組（象徵東西南北四
    方，給出被算者宇宙的方位），排成一排，將最後剩下
    的一、二、三或四根放到一邊 C 處，與前面已經放在那
    裡的木棍合在一起，一定是 4 或 8，叫做「歸奇」。加
    上掛一的那一根，則必定是 5 或 9。以上就完成了第一
    變。

(4) 第二變開始前，將第一變中掛一和歸奇的木棍除去，把
    已經排成四根一組的木棍合到一起，其數量是 40（49-

9=40）或 44（49-5=44）根。然後再按「分二、掛一、揲四、歸奇」進行「第二變」。注意：二變中「掛一」時拿出一根木棍仍放入 B 處，以表示正在進行第二變。二變末「歸奇」的木棍同理放在 C 處。結果剩下的木棍只能是 40、36 或 32。

（5）三變之後，剩下的木棍只能是 36、32、28 或 24，將它們除以 4 或給出 4 根一組的組數，只有四種可能：6，7，8 或 9。把結果記錄在紙上，單數用「━」（陽）來表示，雙數用「╍」（陰）來表示。然後在旁邊寫漢字「初爻幾」。如果最後是 9，就寫作「初九」，一定要用漢字寫清楚！自此，我們才完成六十四卦卦象中六爻為一卦的第一爻，即初爻。

36÷4 = 9（為老陽，畫作：×）

32÷4 = 8（為少陰，畫作：╍）

28÷4 = 7（為少陽，畫作：━）

24÷4 = 6（為老陰，畫作：○）

老陰、老陽可能變化，稱之為「動爻」或「變爻」；少陰、少陽不變化，稱之為「靜爻」或「不變爻」。

（6）算完第一爻後，把 49 根木棍合成一堆，重複第 2 步至第 5 步的操作過程，得到第二爻。

如此這般，一直到第六爻，即上爻出來，我們最終才得到了一個完整的卦象。

特別說明：蓍草占卜最開始算的爻是最下面的，從下到

上，直到六爻算畢，就成了一卦。一卦共分六爻，從下到上是
初二三四五上，每一爻須算3次，所以算一卦共計要算18次。

解卦

假設我們已經得到一個卦。每一爻記錄下來的6個數字
按從下到上的順序是：977797。不難看出此六爻都是陽爻，
完成的是一個「乾」卦。

（1） 前面講過，爻的數字有四種情況：6、7、8或9、7和9
是奇數，為陽爻。6和8是偶數，為陰爻。其中「6、9，
為可變之爻，7、8為不變之爻」，同為陽爻的7、9也
是有差別的，其中7為「少陽」，9為「老陽」。

（2） 解卦的時候，要確定主爻。把六個數字加在一起，例
如：977797，9+7+7+7+9+7=46。然後用大衍之數55-
46=9。我們從最下面，「初九」開始數，數到最上面又
從上面數下來（需要數下來時記住上爻要數兩次），一
直數到第九個。我們就會發現數到「七四」這一爻。而
七為不變之爻，所以，這一次占卜應用「乾」卦的卦辭
來占，為「乾，元亨利貞」。也就是說，如果數到不變
之爻，用卦辭占。

（3） 如果數到可變之爻，遇到變爻時，需要將變爻「陰變
陽，陽變陰」。變化之前的卦是主卦（也叫過程卦），一
般代表事項的過程（狀態、現象）；變化之後的卦是之
卦（也叫結果卦），一般靠之卦給出吉凶判斷的結果。

產生變爻時，吉凶判斷分幾種情況：

第一種情況：算出來的六爻當中只有一個爻是變爻，用之卦變爻的爻辭來判斷吉凶。

第二種情況：有兩個變爻，用卜問時本卦中出現的第二個爻辭來判斷吉凶。

第三種情況：有三個變爻，用本卦和變卦的卦辭，以本卦的卦辭為主。

第四種情況：有四個變爻，這時就用變卦的兩個不變爻的爻辭來判斷吉凶。

第五種情況：有五個變爻，用變卦的那一個不變爻的爻辭來判斷吉凶。

第六種情況：有六個變爻，分兩種情況：一是六爻都是陽爻，即乾卦；或者六爻都是陰爻，即坤卦。如果是乾卦，就用乾卦「用九」的爻辭判斷吉凶。如果是坤卦，就用坤卦「用六」的爻辭判斷吉凶。除了這兩種情況之外的其他六爻全變的情況，就用變（之）卦的卦辭來判斷吉凶。

第七種情況：六爻一個都沒變，這時用本卦的卦辭來判斷吉凶。

（4）然後到周易書中找相關爻辭卦辭分析。

除去〈繫辭傳〉中這一「正統」的起卦、解卦方法外。還有一些衍生出來的或是被簡化的占卜法。

梅花易數占卜

梅花易數以先天八卦為主，起卦之卦數，即以先天（排序）——乾一兌二震三……坤八為例。所謂先天為主，是指比較重視卦本身陰陽五行的生剋對待，而對於後天《周易》之文辭，相對的只有參考而已。簡單來說，先天重氣化，陰陽五行之基本架構；而後天才開始有人文典章制度，工巧藝術。這也就是為何伏羲八卦僅有圖像，而無文字，而《周易》卦文皆有之理。所以梅花易數的核心架構，即是「體用」，是觀察其生剋變化的一門學問。

所謂「體用」，就是重視陰陽；體常靜而為陰，用常動為之陽。故卦分上下為內外卦，爻動者為用卦，靜而不動者為體卦。體為陰，陰者不可剋，剋之則傷！體卦宜強不宜弱，弱則此事不可為也。在實際卜卦過程中，先定出體、用卦；如卜得風水渙卦第五爻動，故知內卦不動是體卦，外卦動為用卦。體卦屬木，用卦屬水，用生體，則主事易成。再看體用卦衰旺如何？如果木逢春季則吉，逢金月則衰。另外互卦（與本卦六爻都相反的卦）變卦也須考慮；簡言之，本卦是事情的狀態，互卦是事情的過程，而變卦為事情的結果。而它們之間五行衰旺生剋，是卜卦結果的重要依據。

數字占卜法

數字占卜法是梅花易數占卜方式的衍生，是根據可數

事物得到卦象的方法。大致可以分為單位數和多位數兩種起卦法，單位數起卦要加時辰作內卦。多位數起卦一般一分為二，即分二段各除以八，並分別以餘數作上、下卦。逢多位數時數位少的一組作外卦，數位多的一組作內卦，以對應天清地濁，天輕地重，陽少陰多的自然法則。

具體的步驟和方法：用「卦除以八，爻除以六」作為起卦法則，將物體的數量除以 8，以餘數為上卦；以當時的時辰數除以 8，以餘數為下卦；將物體數量加上當時的時辰數之和除以 6 得動爻。

如：上午 10 點看到天上飛過一群大雁，計 12 隻。以 12 除以 8 得餘數 4，取震四為上卦。上午 10 點對應著巳時，對應數字為 6，取坎六為下卦。總卦象就是震坎雷水為解卦。然後取動爻：12+6 ＝ 18，18 除以 6 得整數，即餘數為 0，取上爻為動爻，然後在易經六十四卦中找出對應的卦象及爻辭，就可以進行預測了。還可以根據動爻可求得變卦為上離下坎，得離坎火水為未濟卦。

我們可以用電話號碼、手機號碼、身分證字號、居住地門牌號碼與樓層、每個人的年齡生日等，這些可數之物都可以進行起卦。例如以這個隨機號碼 15927582430 為例，取後四位 2430，2+4 ＝ 6 得上卦坎六，3+0 ＝ 3 得下卦離三，即得坎離水火為既濟卦。2+4+3+0 ＝ 9，9 除以 6，餘數為 3，得三爻動爻，然後在易經六十四卦中找出對應的卦象及爻

辭，就可以進行預測了。還可以根據動爻求得變卦為上兌下
離，得兌離澤火為革卦。

簡易占卜法

隨機占卜

隨機（比如翻書，抽撲克牌，看時間，隨心報數……）取
三個數，可以是三個均一位的數，也可以是三個多位數。然
後以第一個數為上卦，第二個數為下卦，第三個數為動爻，
根據上述慣例求出卦象和動爻。比如482，則上卦為4為震，
下卦為8為坤，得震坤雷地豫卦。動爻為2，然後查看動爻的
爻辭和白話注解即可大概知道吉凶。震（4）坤（8）雷地為豫
卦二爻。豫卦六二：介於石，不終日。貞吉。〈象〉曰：不終
日，貞吉，以中正也。

上下卦數大於8的，除以8取餘數作為卦數；動爻數大
於6的，同樣除以6取餘數作為動爻。比如17，25，19，其
中17除以8餘1，得乾一為上卦；25除以8餘1得乾一為下
卦，19除以6餘1，得初爻為動爻（動爻數餘1看「初爻」，
即是第一爻；動爻數餘6看最後一爻，即是「上爻」）。求出
乾為天，初爻爻辭為「初九：潛龍勿用」。

對爻辭含義的理解必須找出字面意思與所測事情的內在
合理連繫，不可望文生義。因為爻辭只不過是古代人們根據
當時的社會生活內容和他們自己的理解為卦爻添加的注釋，

並未窮盡卦爻本身的豐富內涵，更不可能在字面上包含現代生活的內容。爻辭的理解可以結合一些輔助的規則進行更深入的判斷。

時間占卜法

以問卦人的出生或是來問卦的年月日時作基數。先以年、月、日為上卦，年月日加上時為下卦，再以年月日時總數取變爻。年分的數字按十二地支對應的數字來取數。如子年為一數，丑年為二數這樣一直推到十二數。月分的數字按幾月就是對應數字幾來取數。日數的取數與月分的取數一樣，如初一為一數，直到三十日為三十數。時的數按十二地支對應的數字來取數。如子時一數，直到亥時為十二數。

起卦時，以年月日對應的數字之和，除8，以其餘數為上卦。以年月日的數再加時數，合計數除以8，以其餘數為下卦。其年月日時的總數，用6除，求得動爻，也就是變爻，由之可得變卦。

測字占卜法

（1）筆畫占卜法

也就是拆字法，按照字的筆畫起卦。具體分為：

一字一占，以單個字筆畫起卦，也就是直接取其筆畫，以左為陽，右為陰，上為陽，下為陰為原則，居左或居上者

是幾畫，取為上卦，居右或居下者是幾畫，取為下卦。如果是筆畫多的字，上卦下卦還是用8除。再用整個字的總畫數，用6除，就得出變爻了。

如某個字（必須是繁體字）清晰，則取其筆畫，以左為陽，右為陰，或上為陽，下為陰。居左者或居上者看有幾畫，居右者或居下者看有幾畫。以筆畫數多少來取卦，如果筆畫數大於8畫，則除以8，以其餘數取卦。取左者或上者為上卦，取右者或下者為下卦。再以字的總筆畫數用6除，求其動爻。然後在易經六十四卦中找出對應的卦象及爻辭，就可以進行預測了。

（2）斷字占卜法

如果是兩個的字占，就需要用斷字法分別取上下卦。具體的辦法是：如果是偶數個字，就平均分為兩半，前一半取為上卦，後一半取為下卦。如果是奇數個字就用少一個字的取為上卦。根據是天清輕於上，地濁重於下。

然後再用筆畫法、字的個數法或聲調法等起卦。

二字占，平分兩儀，也就是左邊的字和右邊的字為上下卦。以左邊的數用8除，餘數為上卦，下面的用同樣的方法除後，以得到的餘數作下卦。兩個字的總筆畫用6除，得到的是變爻。

三字占，第一字為上卦，第二字為下卦，再以第三字為變爻。用人的姓和名字起卦，以姓的筆畫為上卦，名字筆畫

數為下卦，三字的總筆畫數以 6 除，餘數就是變爻。

四字占，兩字為上卦，兩字為下卦。五字者，兩字為上，三字為下。六字者，三字為上，三字為下。七字者，三字為上，四字為下。八字者，四字為上，四字為下。九字者，四字為上，五字為下。十字者，五字為上，五字為下。這些卦的變爻取法呢，和二字占的取法是一樣的。十一字以上的話，到百來字都可以起卦，以一半為上卦，一半為下卦，字的總數，用 6 除就能得到變爻。

2.3.2 《易經》會對你說什麼

你遇到問題了，想知道解決的辦法；你最近要做重大的決定了，想得到一些指導；或是你想預測一下某件事的未來變化情況；或者是你想知道自己當前所處的形勢。原則上這些《易經》都可以告訴你，但是，要記住：《易經》不能也不會直接告訴你解決問題的辦法，更不會幫你做決定。能給你一些指導是肯定的，預測形勢（事態）是《易經》的強項，可它就是不能給你直接的結論。

「設卦觀象繫辭」，是《易經》表達思想的方式。在這個表述體系中，易「辭」所說出來的，並不是什麼抽象的概念，或是讓你去猜想的東西。而是指引向「象」，給出易「象」所象徵的觸及人生命存在的當下情境。這就像是伏羲畫卦，古代人們卜筮得到一個圖案，就去和伏羲的八卦對照，像一個

吉卦事情就能成功；假如是和一個凶卦的「象」很相似，那這件事情最好就不要去做了。《易經》的體系把這個過程完成得更加嚴密、精巧。《易經》給出的「象」並非靜態抽象的符號分類，而是在卦爻之時位變化及與人的互動關係中所形成的一個動態系統。辭以斷吉凶，「吉凶」觸及人的生命存在。「卦以存時」，卦爻之間構成的時空關係決定了人吉凶休咎的時機和切身處境。易「辭」告訴你最好、最應該怎樣做，實際上是把「道──儒家的做人之道」帶入你生活的各方面。而《易經》透過「陰陽」、「五行」、「天體運行」建立起來的體系，完全可以做到個性化、時機化、獨特性的處身情境、機緣、道理中可予以實證的完整性。

《易經》卦爻體系的不變與變

在「起卦」時，「天一」是不變的；而「變爻」是要顛倒變化的。道理何在？

第一，「大衍之數」。

在「起卦」的一開始我們選了 50 根蓍草，拿出一根不用代表「天一」或是「太極」。這個好理解，「老天爺」在上我們無法左右他老人家的行為，就「隨之任之」吧。

但是，古代人一直認為，「天數」是 1、3、5、7、9，它們之和是 25；「地數」是 2、4、6、8、10，它們之和是 30。天地數之和是「55」，為什麼「起卦」不用 55，而用

50 呢？實際上，這個問題自古以來人們就注意到了。最貼切的應該是東漢末年經學大師鄭玄（鄭康成）的解釋：「天地之數五十有五，以五行氣通，凡五行減五，大衍又減一，故四十九也。衍，演也。天一生水於北，地二生火於南，天三生木於東，地四生金於西，天五生土於中。陽無偶，陰無配，未得相成。地六成水於北，與天一並；天七成火於南，與地二並；地八成木於東，與天三並；天九成金於西，與地四並；地十成土於中，與天五並。大衍之數五十有五，五行各氣並，氣並而減五，唯有五十。以五十之數不可以為七八九六卜筮之占以用之，故更減其一，故四十有九也。」

　　第二，「變爻」的問題。

　　為什麼 9、6 是變爻，而 7、8 不是？《周易大傳今注》是這樣解釋的：七，少陽代表「春」；九，老陽代表「夏」。都是陽氣勝於陰氣的時節，陽氣由「七」到「九」是一個漸進的過程，但「七」後面的「九」，陽氣還在，所以七是不變爻。八，少陰代表「秋」；六，老陰代表「冬」。都是陰氣勝於陽氣的時節，陰氣由「八」到「六」也是一個漸進的過程，但「八」後面的「六」，陰氣還在，所以八是不變爻。

　　而九老陽、六老陰對應的是陰陽之氣變換的時節，也代表了事物由盛到衰、映像由虧轉盈的過程，所以九六是變爻。

「解卦」主要看什麼

三國時期魏國玄學家,《周易注》的作者王弼認為,考察《易經》的運行應該主要注意三個方面:第一,「時義」,也就是每一卦都表達了一種「時」,這個「時」是指事物運動發展中所遵循的某種特殊的規律。我們理解是指一卦,或者是求卦者所處的時間序列;第二,「爻位」,就是卦中六爻每一爻的位置屬性和各個爻之間的連繫變化。對應第一,當然就是空間位置了;第三,卦時和爻位,卦時統治爻位。這個需要辯證地去看,要「天時地利」,才能「人和」。相同的「占斷」要根據「卦時」也就是每一卦所處的具體時間、地點而有不同的解釋。

時義

怎樣才能了解每卦卦時(時義)的意思呢?王弼認為可以根據〈象傳〉的解釋了解每卦的時義。〈象傳〉的解釋來自對卦象的分析,具體有兩種方法:或從一卦的六爻中有著主導作用的一爻所象徵的意義得出,或從上下經卦象徵的意義得出。「凡象者,通論一卦之體者也。一卦之體必由一爻為主,則指明一爻之美以統一卦之義,大有(卦)之類是也;卦體不由乎一爻,則全以二體之義明之,豐卦之類是也。」

(1)觀察主爻

怎樣確定六爻中的哪一爻是主爻呢?他給出了兩個途徑:

首先，觀察中爻。所謂中爻，是指處於上下經卦中部，即二、五位置的爻。他認為，「中」在人類社會中有著最重要的意義。如軍隊中的「中軍」，朝廷裡的「省中」，道德品格方面的「中庸」等，都說明了「中」有著主導的價值功能。「夫古今雖殊。軍國異容，中之為用，古未可遠也」。

再者，觀察卦中是否只有一個陽爻或一個陰爻。如果六爻中有五個陽爻，那麼剩下的一個陰爻就是主爻。如果六爻中有五個陰爻，那麼剩下的一個陽爻就是主爻。這就是「執一統眾」的思想，它來源於人類社會中君主、長官對民眾的統治的實踐活動。「夫眾不能治眾，治眾者，至寡者也……故六爻相錯，可以舉一以明也」。

（2）觀察上下經卦象徵的意義

而《易經》中能以一爻來確定卦義的情況並不多，只有23卦。大多數卦的時義是由上下經卦象徵的意義而確定的。比如，豐卦，下離，上震。離象徵火、閃電，具有光明之義；震象徵雷，雷聲震動，具有喚醒萬物之義。〈象傳〉以雷電交加解釋豐卦卦象：「雷電皆至，豐。」王弼認為上下經卦的結合象徵著：閃電的光耀伴隨著震雷，照亮了大地，喚醒了萬物，猶如有德的君主無幽不見，恩及萬物。所以他解釋為：「闡弘微細，通夫隱滯者也。」就是說：使微小者發揚光大，使停滯者順暢通達。

所謂「時義」，指社會時勢，古人稱之為「時運」。孔穎

達為六十四卦概括了四種時運:「一者治時,頤養之世是也;二者亂世,打過之世是也;三者離散之時,解緩之世是也;四者改易之時,變革之世是也。」但《易經》各卦並不是簡單的吉凶分類,人們應該採取積極有為和靜觀其變兩種處世方式。處於光明吉利的社會時勢,就要不失時機地積極參與,不可消極隱避;處於黑暗凶險的社會時勢,就需要靜觀其變,不可妄動。

爻位

《易經》中六爻象徵著變化的萬事萬物。就像王弼所說:「夫爻者,何也?言乎變者也。」這種變化的根源是什麼呢?「變者何也?情偽之所為也」。情,指真情;偽指與真情相反的假象。「情偽」的存在及其與各種外在條件的結合,使整個世界看起來千變萬化,無一定之規。《易經》是怎樣模擬各種現象之間的複雜關係呢?答案就在六爻的變化之中。王弼把六爻之間的相對變化關係稱之為爻象或爻位,給出了它們之間的六種相互關係:

(1)「夫應者,同志之象也」:這是指六爻中初與四、二與五、三與上如果是一陰一陽,則互相應和,象徵能得到他人的幫助;如果是一陽一陽或一陰一陰、則無應,象徵得不到相應的幫助。

(2)「位者,爻所處之象也」:二、四為陰位卑位,陰爻處於

二、四位置叫「得位」。三、五為陽位尊位，陽爻處於
三、五位置叫「當位」。當位的爻，象徵人或事物發展
合乎王道規範；不當位的爻，象徵違反了正道、常規。
是否當位，影響該爻的安危。

(3)「承乘者，順逆之象也」：以下爻對上爻叫做承，以上
爻對下爻叫做乘。陰承陽為順，陽承陰為逆；陰乘陽為
逆，陽承陰為順。陰爻象徵卑弱者，陽爻象徵尊貴者，
故有順逆之說，逆則困厄，順則通達。

(4)「遠近者，險易之象也」：指某一爻距離象徵險難或吉利
經卦的遠近而言。如需卦，上卦為坎，象徵險難。下卦
的三爻中，初爻離坎卦最遠，所以安全（易）；三爻離
坎卦最近，所以危險。

(5)「內外者，出處之象也」：「內」指下卦，象徵「處」，
「外」指上卦，象徵「出」。位於內卦的爻象徵「安居」
（家，自我的象徵）；位於外卦的爻象徵「外出」（社會，
他人的象徵）。

(6)「初上者，終始之象」。初，指初爻；上，指上爻。初上
爻陰陽之位，象徵事物發展過程的開始和結束。

卦時與爻位

以卦時統帥爻位。「夫卦者，時也；爻者，適時之變者
也。」爻位產生的爻辭對卦時有很強的依賴關係，而且，爻
位的意義，也會隨著卦時的時義不同而變化。

例如,「比、復好先」就是這個意思。比卦的時義是親近,輔助;復卦的時義是反本,親近輔助和反本都有利於領先者。初爻象徵開始,領先,所以兩卦的初爻都比較好。比卦初六爻辭:誠信吉祥。復卦初九爻辭:遵循正道,非常吉祥。

再看,「乾、壯惡首」同樣是領先者,就不會吉祥了。乾卦的時義為強健,大壯卦的時義為盛壯,強健和盛壯都需要循序漸進,都反對領先者。初爻為一卦之首,象徵開始,有領先之義,故這兩卦的初爻都不好。乾卦初九爻辭:巨龍潛伏於深水,不施展才能。大壯卦初六爻辭:進去必有凶險,應誠信自守。

《易經》占斷 (詞)

《易經》的卦爻辭雖說大多是為你分析形勢、指明方向的,但也會給出一定的占斷結論來。稱之為指示「休咎」。表示的方法 (詞彙) 主要有 7 種,吉、利、吝、厲、悔、咎、凶。

吉

可分為:吉、初吉、中吉、終吉、貞吉、大吉、元吉、引吉,它們是依據事情所處的時段而斷占的。貞吉,是占則吉。大吉、元吉、引吉意思基本相同,都是很吉利的意思。例如:

謙卦九三：勞謙君子有終，吉。

無妄卦初九：無妄往，吉。

兌卦初九：和兌，吉。

這些爻辭都是說明，因為某種行為，其結果吉祥。「勞謙」就是有功勞而又能謙虛；「無妄往」，即不荒誕地行動；「和兌」，即和悅。也就是說，爻辭裡的「吉」字，是與一定的行為相對應的。《易經》講「變」，在一定的條件下，吉凶是可以轉化的。例如：

需卦上六：入與穴，有不速之客三人來，敬之終吉。

訟卦：有孚，窒惕，中吉，終凶。

「不速之客」，不請自來的客人。不請自來，本屬不詳之徵兆，但爻辭認為，若能恭敬他們，就可以化險為夷，而終有吉。「有孚，窒惕」，有誠信，但放棄了警惕。爻辭認為以這樣的態度去行訴訟之事，中間（過程）可能吉利，最終卻是凶險。

利

表現方式為：無不利、無攸利、利某事、不利某事、利某方、不利某方、利貞等。

謙卦六四：無不利，撝謙。

臨卦九二：咸臨，吉，無不利。

謙卦六四的「利」，柔而得正，上而能下，其占無不利矣；而臨卦九二中，「咸」交感的意思，咸臨，以感化的方式治理，吉，沒有不利。

「利」字在《易經》中，並不是要讓你「得益」、「占便宜」。而是提醒人們應該怎樣做，怎樣做有好處，怎樣做沒好處。為我們指明方向，以求「趨吉避凶」。

吝

表現方式為：吝、小吝、終吝、貞吝等。

《說文解字》解釋：吝，悔恨，痛惜。字形採用「口」作邊旁，「文」作聲旁。《易經》告訴我們「長此以往將會後悔」。

蒙卦六四：困蒙，吝。「蒙」，即矇昧、幼稚。「困蒙」即困於矇昧、幼稚，所以為吝。悔恨，痛惜。要想擺脫矇昧、幼稚，首先要脫困，困境不脫，必然會少小不努力，老大徒傷悲。

巽卦九三：頻巽，吝。巽象徵順從，頻巽，皺著眉頭順從的意思，心情能好嗎？所以，吝。

厲

厲，孔穎達解釋為：「厲，危也。」表現形式為：厲、有厲、貞厲。

乾卦九三：君子終日乾乾，夕惕若，屬無咎。終日戒慎恐懼，自強不息。「夕惕若」是說即使到了晚上，還心懷憂惕，不敢有一點鬆懈。這是警示人們，要終日抱有警惕之心，做到了這一點，即使遇到險情，也不會犯錯誤。

睽卦九四：睽孤，遇元夫，交孚，屬無咎。「睽孤」處於孤立無援的狀態，「遇元夫」遇到同命相憐的人，「交孚」交相誠信。雖然遇到危險，也不會有咎害。

告誡我們危險並不可怕，只要出發點正確，時刻存有戒備心理，總是會轉危為安的。

悔

悔，懊惱過去做得不對：後悔、懊悔、悔改、悔恨、悔悟、追悔莫及。爻辭中有：有悔、吝悔、終悔等。

乾卦上九：「上九，亢龍有悔。」意為龍飛到了過高的地方，必將會後悔。居高位的人要戒驕，否則會失敗而後悔。也形容倨傲者不免招禍。

蠱卦九三：幹父之蠱，小有悔，無大咎。這裡的「蠱」是指一種被矇蔽、詛咒的意思。在矇昧中就去整治弊亂，不清楚避亂的情況，有可能行為不得當，也有可能效果不理想，所以會有小的遺憾，但總體無大的過咎。整治弊亂的大方針是對的，具體細節有問題，是不會影響大局的。只要把弊亂的因果關係弄清楚即可。

咎

咎，災也。《說文解字》中說：從人，從各。從各，表示相違背。違背人的心願。爻辭中的表現：為咎、匪咎、何咎、無咎。

夬卦初九：壯於前趾，往不勝為咎。「壯於前趾」是躁動的表現。爻辭的意思是，不能取勝而急於前往，是招致咎害之道。提醒我們，做事不能逞強，要量力而行，否則，必然事與願違。

離卦初九：履錯然，敬之，無咎。是說步履敬慎不苟，而又有警惕，則沒有災患。無咎的前提是「敬之」，謹慎自守，恭敬警惕。

凶

凶，惡也。惡果則遭殃，所以，凶是禍殃。爻辭中的表現為：凶、有凶、終凶、貞凶等。

師卦初六：師出以律，否臧，凶。軍旅出征，必須紀律嚴明，軍紀不善，必遭凶敗。提示我們，無論做什麼事情，都不要違背其規律，否則，必然導致失敗。

復卦上六：迷復，凶，有災眚，用行師，終有大敗，以其國君凶，至於十年不克征。迷復，就是迷途而不知返，大凶，用於征伐恐怕大傷元氣，以至於十年都無法復原。告誡

我們，凡事要小心謹慎對待，有憂患意識，居安思危，防止
腐敗墮落，慎重開啟事端，十年生聚，休養生息才對。

2.3.3 《易經》的「人道」

《易經》的占斷反映了「天一」或是「上帝」的存在；反
映了中國古代一直倡導的「天人合一」的關係；當然也反映
在社會和人的各方面。《易經》利用卦爻辭，基本上是透過三
種類型來進行占斷的。

《易經》卦爻辭占斷類別

卦爻辭「就事而記」

「就事而記」就是利用古代記載下來的故事來指示休咎。
例如，既濟卦九三爻辭說：「高宗伐鬼方，三年克之；小人勿
用。」；未濟卦九四：「貞吉，悔亡，震用伐鬼方，三年，有
賞於大國。」。所記述的都是殷高宗討伐鬼方國的故事，有一
個名字叫「震」的周人協助了他，打了三年才最終獲勝。是
告誡我們成功不是一蹴而就的，同時用人也必須得當。又，
大壯卦六五爻辭：「喪羊於易，無悔。」旅卦上九：「鳥焚其巢，
旅人先笑，後號咷；喪牛於易，凶。」兩個卦的爻辭相當，說
的都是殷先祖王亥的故事。殷朝的先祖王亥很會馴服牛馬，
所以他養了很多的牛、馬、羊，於是他坐著牛車，趕著牛群
羊群，到河北的有易部落進行商業貿易活動，結果被那裡的

人們殺害並搶走了他的牛羊。王亥本是一國之君，結果卻離開君王之位到遠方去做生意，這便是「位不當也」。而六五以柔爻居於尊位，也屬於「位不當也」，但是他能夠與九二相應，並且還與九四相合，所以不會發生悔恨的事情。

採用古代故事來造成「教化」的作用，一直都是有的。例如，《左傳・僖公二十五年》：秦伯師於河上，將納王，狐偃言於晉侯曰，求諸侯莫如勤王，諸侯信之，且大義也，繼文之業，而信宣於諸侯，今為可矣，使卜偃卜之，曰，吉，遇黃帝戰於阪泉之兆。

其中上文所說，關於「黃帝戰於阪泉」，《大戴禮記・五帝德》記述為：「教熊羆貔豹虎，以與赤帝戰於阪泉之野，三戰然後得行其志。」《左傳》和《大戴禮記》都採用了記述古代故事的方式，所以《易經》中講了許多類似的故事。

記述象占的卦爻辭

這個更像是「寓言故事」，所說的事情並不一定是真正發生的，使用一種常見的、更能說明道理的事情來給出占斷，講解儒家的「人道」。下面給出兩個實例。

井卦九二：「井谷射鮒，甕敝漏。」是說，投射井中的小魚，結果水罐被碰破而漏水。意思是講用水罐打水時投射井中的小魚，結果倒把水罐打破了，得不償失。

睽卦六三：「見輿曳，其牛掣；其人天且劓。無初有終。」

是說，趕牛車前行，牛沒有用力拉，趕車的人努力去拉，他
哪裡有牛的力氣大呀。那種感覺就像是古代犯了重刑的人被
臉上刺字、割鼻子一樣的生活艱難。但是他不斷地努力，最
終會有好的結果。

　　這樣的比喻在《易經》中屢見不鮮。它們都有一個共同
的特點，就是前面先說出某種現象，後面再作出種種吉凶禍
福的推斷。

直接表示吉凶的占斷辭

　　《易經》最初和基本的作用就是用來占斷的，所以這些
直接論斷休咎的語句也就占了很大的比例。但是，也不是簡
單地給出結論，而是類似前兩種情況一樣，要做比喻、鋪墊
的。泰卦六五：「帝乙歸妹，以祉元吉。」明夷卦六五：「箕
子之明夷，利貞。」升卦六四：「王用亨於岐山，吉，無咎。」
也有承接象占的說法而延續的，如大畜卦六四：「童牛之牿，
元吉。」中孚卦上九：「翰音登於天，貞凶。」這裡，「帝乙
嫁於妹，因為有福祉而成為最吉祥的婚姻，吉」、「箕子的堅
守正道，使光明不致熄滅。利貞」、「王在岐山祭奉神靈，吉
利，無所怪罪。無咎」都是直接給出明確的占斷，表現得更
具體，得失、厲害都在爻辭之中。

《易經》中的「天道 —— 人道」

原始人，透過卜筮去裁定和指導他們的行為，完全決定於外在的神，比如，祖宗神、自然神及上帝。《易經》初現的商朝以神為本，神權獨尊、巫祝貞卜至上，以神權來維護對國家、部族的統治。周人則意識到「天命非常」的變易思想，創立了「天人合一」的哲學思想，以「敬德保民」。所以，《易經》裡「天人、天道、人道」的詞語和思維是一直貫穿始終的。

卦爻辭中的「上帝」

《易經》出現的「上帝」，是「帝」、「天帝」，是代表人民去祭祀「天」的那個人。益卦六二：「或益之十朋之龜，弗克違，永貞吉，王用享於帝，吉。」王在舉行祭祀前，先占筮。其占筮結果是吉即舉行祭祀，當然能為人民帶來福佑。

卦爻辭中的「天」

大有卦九三：「公用亨於天子，小人弗克。」

有與天溝通資格的統治者，天子 —— 天的兒子，他的作為是為了以神道教化天下的百姓，使人民像樂於服從天一樣服從於天子。

大有卦上九：「自天佑之，吉無不利。」

天佑什麼樣的人，順從天道的人。「天助順，人助信，又順又信有尚賢，故天助之。」

大畜卦上九：「何天之衢，亨。」

得天佑，暢通無阻。

姤卦九五：「以杞包瓜，含章，有隕自天。」

告訴人們，上天有賞罰的權能。

天對人的態度

《易經》裡的天，兼有人格的天和自然的天的意思。人格天又有神格天的屬性，所以，多有祭祀的意思。

蒙卦卦辭：「亨。匪我求童蒙，童蒙求我。初筮告，再三瀆，瀆則不告。利貞。」是說，占卜之人為求吉，再三占卜，自以為「蒙」而褻瀆了占卜師和「天」的權威。

關於祭祀，既濟卦九五：「東鄰殺牛，不如西郊之禴祭，實受其福。」祭祀在於誠信，在於一種「感」。也就是說，祭祀的主要目的，不是在於敬天，而是在於律人。天命雖由神的意志而決定，但決定的標準卻在於人的道德。

天人合一

天人合一展現在卦爻辭中，就是要把天意和人事緊密相關，作用就是把從上天獲得的啟示轉化運用到人本身。作為占卜之書的《易經》以自然和社會現象的運動變化推演人事的成敗得失，因此就成為人們立身處世的指南和依據。所以

〈繫辭上傳·第二章〉說：

聖人設卦觀象，繫辭焉而明吉凶，剛柔相推而生變化。是故吉凶者，失得之象也。悔吝者，憂虞之象也。變化者，進退之象也。剛柔者，晝夜之象也。六爻之動，三極之道也。是故，君子所居而安者。《易》之序也，所樂而玩者，爻之辭也。是故君子居則觀其象而玩其辭，動則觀其變而玩其占，是以「自天佑之，吉無不利」。

乾卦卦象：「天行健，君子以自強不息。」孔穎達解釋為：「天以健為用者，運行不息。應化無窮，此天之自然之理。故聖人當法此自然之象而施人事。」

蒙卦卦象：「山水蒙，艮為山，坎為泉，山下出泉。」柔弱的泉水，堅韌的品性，君子的象徵。

《易經》中的吉凶轉化

《易經》認為，吉凶的成因，不外乎兩者：客觀環境和主觀人為。不同的客觀形勢造成人們相異的命運。客觀環境好，處境有利；反之，禍患及身。從善者吉，作惡者凶。而這裡從善、為惡的定義，就是人的道德品格的評價。《易經》強調變易，所以，善惡、吉凶是可以相互轉化的。趨吉避凶、善惡轉化之道，在於「天道」和「人道」的融合，以及時時刻刻的「遇險自惕」。

泰卦九三：「無平不陂，無往不復，艱貞無咎，勿恤其

孚，於食有福。」意思是，遭遇艱險是正常的，堅貞，無往
不勝，會得到福祉的。

乾卦九三：「君子終日乾乾，夕惕若厲，無咎。」

君子，每時每刻的小心謹慎，雖然可能遭遇風險，終究
是會能夠克服而暢通無阻的。

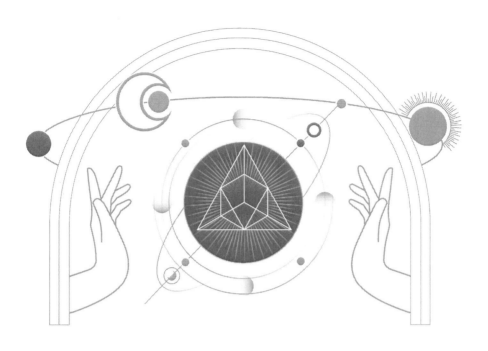

第 3 章 信仰

　　星座也好、易經也罷，都反映出人類對自我存在的不確信。就像我們的祖先一原始人類，他們面對生活中的種種困難時，許多情況下都是依賴於自我的「本能」。而隨著社會的發展、人類科學技術水準的進步，我們有了更多處理所面臨困難的方法。但是，不要忘了，即使是再好的方法，你也要熟知它的「使用說明書」。很多人或是搞不太懂，或者是根本就沒有認真去讀那各式各樣的「使用說明書」，在更多的情況下，我們處理問題還是與我們的祖先一樣一依賴於「本能」。而人類本能在文化中的具體展現，就是「信仰」和「信仰文化」。也就是說，我們可能還是在人生的大多時間裡，把自己的靈魂和肉體託付給了「上帝」。

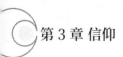

「本能」作為詞語解釋為：「某一動物中各成員都具有的典型的、刻板的、受到一組特殊刺激便會按一種固定模式行動的行為模式。」作為一種高級動物，人的本能有許多。

食物、性是人類最基本層次的本能。孟子云：「食、色，性也。」

厭惡、好奇心、榮譽感（道德）、復仇、獨立，屬於個人兼顧社會的層面，也是出於本能。

社會聲望、秩序、社會交往、公民權、家庭，就應該算是結合人類精神和肉體的最高層面的本能。

看來「本能」是無所不在的。

3.1 信仰是天人合一的原始信念

信仰，有人有，也有人無。有人說，信仰在西方就是宗教；在華人社會就是「天道人倫」。其實，看看信仰的「定義」——信仰指對某種主張、主義、宗教或對某人、某物的信奉和尊敬，並把它奉為自己的行為準則。發現它與「本能」有著很多的相似之處。我願意相信這樣的觀點，信仰就是一個人的「三觀」，並不一定你信教或你加入了某一個組織，你就有信仰了。或者說，一個人的信仰是時時刻刻存在的，而且還會隨著環境和時代的變遷而改變。

3.1.1 圖騰

人類最早的信仰，應該是展現在他們族群的圖騰之中。

所謂圖騰，就是原始時代的人們把某種動物、植物或非生物等當做自己的親屬、祖先或保護神。相信他們有一種超自然力，會保護自己，並且還可以獲得他們的力量和技能。在原始人的眼裡，圖騰實際是一個被人格化的崇拜對象。圖騰是族群的保護神。也可以說，圖騰集中了原始人類所能想到和期盼的本能存在。

原始崇拜

圖騰廣泛存在於世界各地，包括埃及、希臘、阿拉伯地

區、以色列、日本及中國等；圖騰崇拜的對象也極為廣泛，有動植物、非生物及自然現象，其中以動植物為主，動物又占絕大多數。

為什麼動物會占多數呢？這是源於原始人的眼界狹隘和氏族制度的特點。原始人不懂得男女媾和繁衍人類的道理，而認為本氏族的祖先與某種動植物，特別是動物有密切關聯；氏族的祖先就是圖騰動植物的化身或轉世。在原始的初民社會中，人們除了動植物外，還能怎麼解釋人類的起源呢？動物在許多地方與人相似，又有許多人類沒有的（本能）優勢，如鳥能在空中飛，魚能在水中游，爬蟲會蛻皮，又避居於地下……這一切，都正是初民們把動物放在圖騰對象第一位的原因。

圖騰在母系氏族社會時期比較盛行。在母系社會階段，生產力低下，人們在嚴酷的自然環境裡生存、繁衍，他們的生產方式主要是採集和漁獵。人們還不能獨立地支配自然力，對自然界充滿幻想和憧憬。到父系氏族社會時，生產力逐步提高，人們也逐漸形成了獨立意識，從而在日常的生活中否定了自己與動植物的親屬關係。此時，圖騰信仰也就接近尾聲了！但在歷史中，圖騰信仰並未完全銷聲匿跡，它還在文化、藝術、生理等方面產生著影響。

這樣，圖騰（文化）經歷了三個發展階段，也基本符合人類社會的發展進程。

(1) 初生階段，這一時期，圖騰對象與自然形態極為相似。

(2) 鼎盛階段，這一時期，生產力發展，想像力提高，同時，祖先意識加強，形成了「獸的擬人化」。初民把圖騰對象賦予了人的部分特徵，圖騰形象開始達到半人半獸的圖騰聖物（見圖 3.1）。很明顯地可以看出，守護神有與其背景圖案的鳥相似的嘴，以及與蛇一樣的髮型。

(3) 圖騰對象開始轉入了祖先崇拜。更多地具有抽象性的特點。

圖 3.1 埃及的圖騰

圖騰的基本特徵（以圖騰觀念為標誌，它是原始宗教的一種形式，又包含氏族的一些制度）：

(1) 每個氏族都有圖騰。

(2) 認為本氏族的祖先與氏族圖騰有血緣關係或某種特殊關係。

(3) 圖騰具有某種神祕力量。

(4) 圖騰崇拜有些禁忌。禁止同氏族成員結婚；禁殺圖騰物。這是最重要的兩種禁忌。

(5) 同一圖騰集團的成員是一個整體。

圖騰文化

　　圖騰一詞來源於印第安語「totem」，意思為「它的親屬」、「它的標誌」。「totem」的第二個意思是「標誌」。就是說它還要有某種象徵作用。圖騰標誌在原始社會中發揮著重要的作用，它是最早的社會組織標誌和象徵。它具有團結群體、密切血緣關係、維繫社會組織和互相區別的能力。同時透過圖騰標誌，得到圖騰的認同，受到圖騰的保護。圖騰標誌最典型的就是圖騰柱，在印第安人的村落中，多立有圖騰柱，在中國東南沿海考古中，也發現有鳥圖騰柱（見圖 3.2）。浙江紹興出土戰國時古越人銅質房屋模型，屋頂立圖騰柱，柱頂塑一隻大尾鳩。故宮索倫杆頂立一隻神鳥，古代朝鮮族每一村落村口都立一鳥杆，這都是圖騰柱演變而來的。作為最原始的一種宗教形式，圖騰是表現在生活的各方面。

圖 3.2 鳥神圖騰和鳥圖騰柱

旗幟與族徽

中國的龍旗（見圖 3.3），據考證，夏族的旗幟就是龍旗，一直沿用到清代。古突厥人、古回鶻人都是以狼為圖騰的，史書上多次記載他們打著有狼圖案的旗幟。東歐許多國家都以鷹為標誌，這是繼承了羅馬帝國的傳統。羅馬的古徽是母狼，後改為獨首鷹，西元 330 年君士坦丁大帝遷都君士坦丁堡之後，又改為雙首鷹。德國、美國、義大利為獨首鷹，俄國（原始圖騰為熊）、南斯拉夫為雙首鷹，表示為東羅馬帝國的繼承人。波斯的國徽為貓，比利時、西班牙、瑞士以獅為徽誌。這些動物標誌不是人們憑空想像出來的，它源於原始的圖騰信仰。

服飾

瑤族的五色服、狗尾衫用五色絲線或五色布裝飾，以象徵五彩毛狗，前襟至腰，後襟至膝下以象徵狗尾。畬族的狗頭帽（見圖 3.4）。據畬族傳說，其祖先為犬，名盤瓠，其毛五彩。盤瓠為人身狗首形象。

圖 3.3 中國的「龍旗」

圖 3.4 畬族人的狗頭帽

紋身

臺灣原住民多以蛇為圖騰（見圖 3.5），有關於百步蛇為祖先化身的傳說和不準捕食蛇的禁忌。其紋身以百步蛇身上的三角形紋為主，演變成各種曲線紋。廣東蜑家自稱龍種，繡面紋身，以像蛟龍之子，入水可免遭蛟龍之害。吐蕃奉獼猴，其人將臉部文為紅褐色，以模仿猴的膚色，好讓猴祖認識自己。

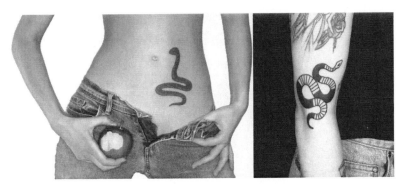

圖 3.5 （百步）蛇紋身演繹著現代版的偷吃禁果的故事

舞蹈

即模仿、裝扮成圖騰動物的活動形象而舞；塔吉克族人舞蹈作鷹飛行狀；朝鮮族的鶴舞；東南亞各國的龍舞、獅舞都如此。

圖騰崇拜首先要敬重圖騰，禁殺、禁捕，甚至禁止觸摸、注視，不准提圖騰的名字。圖騰死了要說睡著了，且要

按照葬人的方式安葬。尼泊爾崇拜牛，以之為國獸，禁殺、禁捕，禁止穿用牛皮製品。因國獸泛濫，不得不定時將其「禮送」出國。其次要定時祭祀圖騰。

　　一般來說對圖騰要敬重，禁止傷害，但有時卻有極其相反的情況。有的部落獵取圖騰獸吃，甚至以圖騰為食物。之所以獵吃圖騰獸，是因為圖騰太完美了，吃了牠，牠的智慧、牠的力量、牠的勇氣就會轉移到自己身上來。但吃圖騰獸與吃別的東西不同，要舉行隆重的儀式，請求祖先不要怪罪自己。如鄂溫克人獵得熊，只能說牠睡著了，吃肉前要一起發出烏鴉般的叫聲，說明是烏鴉吃了肉，不能怪罪鄂溫克人。且不能吃心腦肺食管等部位，因為這些都是靈魂的居所。吃後，對遺骸要進行風葬，用樹條捆好，然後放在木架上，與葬人基本相同。以圖騰作為食物來祭祖，是以圖騰獸為溝通人與祖先神靈的一種媒介。原始人相信，自己的靈魂與圖騰的靈魂是平等的，只是軀殼不同，死，只是靈魂脫離身軀換了一個家，而在陰間的家裡，自己族類與圖騰族類的靈魂居住在同一個地方。殺圖騰，是以圖騰的靈魂為信使，捎信給祖先靈魂，讓其在冥冥中保佑自己。讓圖騰靈魂轉達自己的願望。如印第安烏龜族人殺龜祭祖。壯族的「螞拐節」即青蛙節，壯族以青蛙為圖騰。

　　所謂圖騰文化，就是由圖騰觀念衍生的種種文化現象，也就是原始時代的人們把圖騰當做親屬、祖先或保護神之

後，為了表示自己對圖騰的崇敬而創造的各種文化現象，這些文化現象英語統稱之為「totemism」。

圖騰文化是人類歷史上最古老、最奇特的文化現象之一，圖騰文化的核心是圖騰觀念，圖騰觀念激發了原始人的想像力和創造力，逐步滋生了圖騰名稱、圖騰標誌、圖騰禁忌、圖騰外婚、圖騰儀式、圖騰生育信仰、圖騰化身信仰、圖騰聖物、圖騰聖地、圖騰神話、圖騰藝術等，從而形成了獨具一格、絢麗多彩的圖騰文化。

據研究，圖騰標誌與漢字的起源有關。

人類將圖騰文化發展出許多的內涵：

(1) 認為本氏族或者部落，族群來自於該圖騰，圖騰是祖先性質的對象，因此是信仰的對象，是宗教起源之一。

(2) 圖騰作為一種識別標誌，與婚姻制度有關，即外婚制度密切關聯，同圖騰不婚，同姓不婚。

(3) 圖騰是氏族或部落的徽號和標誌。

(4) 圖騰形成禁忌，成員具有保護圖騰的責任。

3.1.2 人類需要信念的支撐

信仰需要與時俱進

2007 年柏林影展獲獎電影，土耳其電影《一個人對神的恐懼》（Takva: A Man's Fear of God）是一部宗教題材的電影作品，但這部電影的故事切入點與大部分宗教作品不同，主

要用意不在呈現宗教信仰的光明面或偉大力量，而是對比信仰與權力、道德與現實之間的矛盾。

電影故事中講到，虔誠的伊斯蘭教徒穆罕蘭姆，由於對宗教表現忠誠，得到教區教長的信賴，讓他主管清真寺出租房子的物業。在收租時遇到租戶在白天喝酒這等違反教規、不義邪惡的事情，穆罕蘭姆認為不應該繼續將房子租給這樣的人。而遇到特別困難的租戶，穆罕蘭姆覺得應該免除他們的租金。教長表示如果因為租戶白天喝酒就將他們趕走，那房子將空置、收入將減少。而如果免除窮人租金，那其他租戶會抗議，更何況，租金一旦減少，可能就有孩子因此不能受到教育，因此不能開這個先例。凡此種種，都讓穆罕蘭姆混淆和困惑，畢竟事實證明教長說的是對的，喝醉的租戶被趕走後，房子空置很長時間都租不出去，而在學校學習的孩子們都很認真投入，讓其中任何一個不能再來學習都是很殘忍的事情。

「溫飽思淫慾」，隨著收入的提升，他的生活品質越來越好。他夜裡經常夢到與美女親熱的片段。每次做這種夢的時候，他都會在醒來後立即到浴室洗澡淨身，並向真主懺悔自己的罪行。只是生理的需求越是壓抑，反彈越是厲害，連帶地還會影響到日間的精神狀態。於是穆罕蘭姆的精神越顯萎靡、情緒也日益暴躁，之前為貧窮租戶隱瞞延遲交租的謊言，以及後來開發商巴結賄賂的事情，便像附骨之蛆般地一

直在他腦海中縈繞，連長時間在寺中祈禱都不能緩解他的痛苦和混亂。最不幸的是，教長此刻正在閉關當中，要四十天之後才能為他開導解脫。邪惡的夢境加上日間的各種罪惡，完全超出這個思想簡單、信仰虔誠的人的承受能力，在得不到開脫的情況下，穆罕蘭姆的意志力逐漸被瓦解，開始出現各種幻覺。而當自己夢中夢見的美女從自己身前走過時，穆罕蘭姆終於崩潰，徹底精神失常。

在獲得提拔之前，穆罕蘭姆過著一種簡單的生活，他與現實之間只有最單純、最少量的接觸，因此能夠貫徹自己的信仰與理念。然而一旦權力在手，他便必須面對現實裡種種衝突與矛盾，他一方面試圖以更高的道德標準來要求自己，一方面又不得不在現實中對罪惡低頭，就是這種無法理順的痛苦狀態，讓他走向發瘋的結局。

大部分的宗教作品都著力於闡述人們應該如何克服現實裡的罪惡，在宗教裡尋找心靈的救贖，但《一個人對神的恐懼》卻從另一個方向來探討問題。當信仰與現實發生衝突時，如果我們遵從一般的思維、向宗教尋求答案，要求自己更加虔誠、更加遵從經文的指示，這樣不僅找不到解答，而且越是往信仰裡走，宗教與現實的衝突就更加劇烈，其結果便是精神分裂。

宗教教導人們從善，本意毋庸置疑是好的，只是就像波蘭導演奇士勞斯基（Kieślowski）執導的《十誡》（The Decalogue）

所指出的，宗教經文裡的規範，本身過於簡化，在現實中處處遭遇矛盾。而《一個人對神的恐懼》更指出，隨著一個人所處地位的提高、所握權力的增大，這樣的矛盾就更加嚴重，在滿足一項道德時，有時不得不犧牲另一項道德，也就是說，根據現實適當地調整信仰是必要的。

信仰一直存在，信仰也要與時俱進！

信命，想預測未來的心理學因素

人類追求的永恆與自由都不存在於現實中，而是存在於人的意識與思維之中。人用以與死亡、與困難相抗衡的就是信仰，在信仰中完成了生命的堅固與不可征服。人除了靠理性還依靠情感與精神生存，而後者的力量在許多時候是驚人的。

人的信仰的產生與存在，更多的來源於心理層面。來源於一種「本能思考」，我們表面上看是在遵循我們的信仰，實際上許多人是走入了心理學中所描述的「思考陷阱」，讓自己失去了冷靜和客觀的意識，而去相信「神」、「預言」之類的信仰文化。

誤導人的信仰的心理學因素，稱之為「基本歸因偏誤」。主要表現為「刻板印象」、「證實偏見」、「部落主義」三個方面。

刻板印象是認知的第一個思考陷阱

什麼是刻板印象呢？它用來形容人們對某一個社會群體形成的過於簡單、僵化的印象。這其實就是我們的臉譜化思考。

刻板印象到處都存在。提到男生和女生，我們普遍認為男生理性，女生感性；男生數理好，女生擅長文科。提到東北人，我們會想到豪爽，能喝酒。提到江浙人，我們會想到精明，會做生意。提到會計，我們會想到謹慎、認真。提到警察，我們會想到嚴肅、凶巴巴。

更糟糕的是，心理學家發現，人們還有個毛病：當人們自己做得不好，或受到批評的時候，他們更容易遷怒他人，這時候，刻板印象就會更加鮮明。心理學家讓一群參加實驗的人去見兩個黑人醫生，去做體檢。一位黑人醫生對他們態度很好，告訴他們，你們的身體狀況非常好。另一位黑人醫生很嚴厲，告訴他們，你們的身體狀況惡化了，要注意。當問起對這兩個黑人醫生的印象時，那些得到表揚的人都說，這個醫生水準真高，而那些受到批評的人則說，這個黑人太無理了。這就是人性的弱點，為了抬高自己，就要貶低別人。

儘管有些人對別人的偏見多一點，有些人則少一些，但是，刻板印象往往是在我們沒有意識到的情況下被自動激發的。

如果你有充分的時間，頭腦非常清醒，你可能會意識到，

自己產生了刻板印象，於是，你會用理智糾正自己的錯誤想法，但如果你很疲勞，心神不寧，或是處於情緒激動、沮喪的狀態，那你對刻板印象的抵抗力就會下降很多。

刻板印象是我們每個人與生俱來的，它是由人類祖先進化而來的，人們為了節省時間獲得資源，不是一個一個地觀察，而是大量地接觸（事物和人），從而形成「物以類聚，人以群分」的認知。我們從這種快速認知中獲得了好處，但同時也受制於它的局限。所以，刻板印象並不可怕，可怕的是有人拒絕承認自己有刻板印象。

當了解了刻板印象的局限在哪裡，我們再遇到一些重大決策的時候，就可以透過省察，主動排除它的干擾，有意識地用理智和自制力來抑制這些缺陷。

一般情況下，刻板印象讓我們在預測上可能有些許誤差，這也倒無傷大雅，但令人擔心的是，它可能會成為自我實現的預言。

由於一些「確認偏誤」，就是那些先入為主的觀點，人們往往主動為自己的觀點正確找證據，而對那些與自己觀點不符的事實完全忽略，甚至會出現生搬硬套和牽強附會的怪狀。

心理學家做過這樣一個實驗：同樣一批亞裔的女生，要做同樣難度的數學考卷。出於對女生學不好數學的先入為主的觀念或者說刻板印象，如果你暗示她們，妳們是女生，她們的考試成績就會下降；但出於對亞裔學生數學學得好的普

遍觀念，如果你暗示她們，妳們是亞裔，她們的考試成績就會提升。

第二個思考陷阱：「證實偏見」

它主要指我們很少依具體情況具體分析，做到實事求是，而往往是根據過往的經驗形成的先入為主的觀點，來推導事實。因此，同樣的一件事，會有不同的解讀。

還記得莎士比亞的名言吧：「一千個觀眾眼中有一千個哈姆雷特。」

證實偏見告誡我們要接納不同的觀點，看待問題要從多角度看，多聽聽不同意見，發現自己的思考盲點。

第三個思考陷阱：「部落主義」

人為什麼喜歡「站隊」？這也是由進化而來的本能思考。想想古老的人類在茫茫大自然中，如果特立獨行的話，很難生存下來。為了活命，為了基因的延續，他們必須得合作才能讓生命得以延續。

因為這種本能需求，不管我們身處什麼樣的環境，為了不被孤立，很快就能形成小團體。因此，就會出現區別對待，從而就有了「我們」與「他們」之分，對內團結，對外排斥。

看看網路上那些不同陣營的吵架，就是由於這種強烈的對外排斥情緒。再看看不同球隊的粉絲們，有時還會大打出

手，視對方為敵人。部落主義本是可以激發出成員的更好表現，但若同時滋生了這種「非我族類，其心必異」的對外情緒，那結果就完全不同了。

其實，不論是群體間的競爭還是個人對個人的防範和競爭都源於一種「匱乏心態」，即資源有限。人們傾向於把生活看成是一場非贏即輸的遊戲，誰擁有的資源多誰就贏，否則就輸。

這種心態會讓一個人覺得別人是競爭對手，處處打壓對方，不與對方合作，死守著自己的一點資源。但是，若能反過來想，當你主動分享出你擁有的資源，也能換來別人的資源，你分享給越多的人，也能獲得越多的資源。用當下流行語講，這叫整合資源。

部落主義的另一個弊端是引發「從眾」心理，為了獲得群體認同，人們往往會盲目跟隨，讓自己活得很委屈，還有苦說不出。

總之，刻板印象、證實偏見和部落主義是我們的本能思考，當遇到問題時，我們首先開啟這些思考模式，這些思考不管是出於認知的需求還是合作的需求，都確實為我們帶來了一些便利，但是也帶來了很多不便和麻煩。而且，促使我們把這些本能誤解為信仰。

由它們來解釋「星座文化」和「算命預測」的心理基礎，應該是比較合理的。

3.2 信仰的存在

3.2.1 人類信仰的進程

信仰與人類一同產生。

在人類產生最初的時代，世界荒蠻淒涼，人類最強烈的理念就是生存。因此，生存信仰是人類最初樹立的信仰。而在這個時期人類對自然界的了解僅限於觀察層面，面對自然界的電閃雷鳴、風生水起、花開花謝、季節更替，對自然界的認知處於原始的直觀認知階段的人類，無法提出一系列科學論證給自身一個解釋，但人又總是不甘無知的荒蠻，於是只能對世界做出幻想的解釋，將主體與客體視為一體化。這樣，另一類的解釋開始在人類腦海中始現雛形並日益豐滿，這就是人類文明史上絢爛生動的、天人交流的神話（故事）。它們給予了人類慰藉與寄託。與此同時，另一些崇拜也開始產生，如圖騰崇拜，生殖器崇拜等，這與原始的自然物崇拜密切相關。它們為人們提供了崇敬與希冀的生活情感方向。

由此可知，信仰的本質是人的非理性成分。雖然現代社會的文明使人們越來越崇尚理性，但即使是理性信仰本身也難免帶有非理性成分。信仰是人對某物或某種主張的極度相信和尊敬，是對可能性持肯定態度的信念。所以，人類生存的總思路就是：自然 —— 社會 —— 自然，天道 —— 人道 —— 天道；用典型人物表示即：泰利斯 —— 蘇格拉底 —— 亞里斯多德。

　　而如何將主體的理性轉化為主體的行動，信仰於是在此成為仲介且與理性融合，只有將理性內化為主體的信仰才會有有效的行動，理性信仰終於產生。其根植於人自己的體驗，根植於人對自己的思考力、觀察力及判斷力的信仰的信賴，其本質表明著人們的一種態度、一種價值持有。

　　中世紀是一個宗教信仰的時代，那個時代的非理性信仰就如同「催眠」，那是一場全民的催眠，人民臣服與宗教的權威，他們的思想、感覺都由宗教指揮，甚至當他們從催眠中甦醒過來後，他們依然遵從催眠者的示意，雖然他們以為此時是自己在判斷。或者如神學家所說：「因為我絕不是理解了才能信仰，而是信仰了才能理解。」於是乎，我們看到了宗教信仰帶來的漫長而殘酷的黑暗，但若將此完全歸結為對盲目力量在思想上的軟弱抗議與行為上的屈服乞求，完全歸結為顛倒和虛妄的人類認知，認為宗教僅有負面價值則是錯誤的。追溯宗教的開端可發現其源泉是人類對死亡的拒絕與恐懼，因此在此基礎上人類用宗教來作為一種信仰的永恆，去對抗世俗的死亡與消失。所以，宗教的存在有其必然的合理性，它直接而深刻地反映了人類對宇宙及自身的探索和把握。宗教所反映的人類追求，乃是人類智慧的最高追求——神與人、靈與肉、生與死、此岸與彼岸、天國與人間、今生與來世、善與惡、美與醜以及形上的、道德的、審美的、價值的……宗教所探索尋求的，都是宇宙和人生的根本問題、

終極關懷。

　　宗教把一切可證實與證偽的問題給予哲學與科學，而將既無法證實亦無法證偽的問題留給了神，神是一切無法回答的問題的答案，是對終極關懷的關懷。在這一點上，宗教所發揮的作用，與人的信仰、人的本能是一樣的。

　　但神的本質是：人造就了神，失落了自我。馬克思說：「宗教是那些還沒獲得自己或是再度喪失自己的人的自我意識和自我感覺。」在宗教面前，信仰的基本問題 —— 個體與群體、人與自然、現在與未來的關係，通通被轉化為神與人的關係。

　　由此我們可以看到，在非理性信仰時代，理智雖未完全消失卻是屈服奴役於非理性，如當時的哲學之於神學。但若將這種信仰從情感壓抑的中世紀泥潭脫離出來，置於整個歷史中，我們可以發現它為人類的情感提供了對象與歸宿。

　　理性信仰，不是把理性作為信仰的對象，而是一種態度、一種價值的持有。而理性是那樣的冰冷。「純理性」會帶給我們一個混亂的階段（狀態），在這個階段中人大都無所謂信仰，原來的絕對理念不存在了，理想與現實的關係被顛倒；為了現在，犧牲未來；只求實惠，不要理想；人類與個體的關係走向極端，或是個體對人類的否定，或是人類對個體的否定；人或墮落於偽善與虛無，或絕對服從現實的利害關係……一切都是暫時的、偶然的、變動不居的，自己的命運無法主宰，前途無望，及時行樂的心理開始產生，人們在

對傳統文化批判、揭露、叛逆的同時，對現代社會的發展又存在迷茫、悲觀和盲目。

從整個人類的發展前景看，人類是永遠不會絕望的，對未來的憧憬和追求是人類的本質，是人之所以為人的根本所在。

信仰革命的本質，乃是今人對前人的信仰行為及其創造物的拋棄和超越。因此，信仰革命的目的，應當在於未來而不是過去。

在了解到信仰的本質是人的一種非理性成分，它融入了對人的本質和存在狀態的規定中，而理智是高尚卻不是萬能的，我們就了解了非理性的信仰在理智的極限處發揮著自己的功能，它掌握著理智掌握不了的東西。

必須將對一切真理的信仰具體成為某種可堅定的信念，這種信念與理想相結合就成為信仰。

一種正確或是適應社會發展方向的信仰，都是有大眾參與的，否則它的力量絕對不至於強大到影響，甚至內化為人的生活方式。由此可知，信仰控制實則應歸屬於一種深層的社會文化控制形式。那麼，重建信仰實際上要做的是重建一種社會文化體系。換言之，我們應該完成的是社會體系的改革，使其朝著一個自由、和平、公正、超越的方向發展。

「無信仰性」的後現代主義思潮是一個過渡階段，相信人類有足夠的潛能，在適當的條件下，能夠建立起一個自由、

和平的社會，這不是烏托邦也不是桃花源，而是一個身為真正意義上的人所應享有的社會環境。

3.2.2 華人有信仰

克己復禮的人生態度、天人合一的宇宙觀、天下為公的政治理想、和而不同的共同生活原則和思想原則、義利之辨的道德理念、己立立人與己達達人的處世情懷、四海一家與天下太平的世界願景等。這些無一不是深深刻在華人的骨子裡的。這些就是華人的信仰。

華人的信仰最初的誕生也源於個體生命對於自然、天地以及世界的認知，它的形成往往與文化背景、生活習慣、地理環境密不可分。在華人眼裡，一直有一個至高無上的神——「天」。華人對天有一種特殊的感情，甚至有一種皈依感。但這種感情最早不是信仰，而是崇拜。華人感到天的浩渺，無限蒼茫，不可測量，有一種不可捉摸的神祕感和敬畏感。但對天的態度，華人也有兩重性，有時候信任，有時候不信任。民間有兩句話，一是「蒼天有眼」；可委屈總是得不到解決，也會抱怨「老天瞎了眼」。

中國古代的人就已經信神。早在夏、商、周三代以前，「天」的觀念已深深地進到了人民的生活中，就像世界上的其他民族一樣，有神的觀念是人們生來就有的，不是人們編造出來的。人對神的稱呼，也許有不同，人對神的敬禮，也許

有差別，但是在天地間有一位最大的神，有一位最高主宰的概念，卻是世世代代都沒有改變。他們心目中的「天」有兩種意義：一種是指物質意義的天；一種是指管理和支配這個物質的天的神明。因為「天」字的寫法是「一」加上「大」字，就是指一位最大的神的意思。

從《周易》那裡開始形成一種中國的說理方式：先是「以人觀天」。當然不是一般人，而是大人，是君子，是「道德人」。是用他們的言行、業績去證明天。然後又用天來立人，用天的道理、天的意志、天的判斷立人，解決人世生活、人世發展的問題。從聖人、大人那裡知道天的偉大，再用天的道理來說明人世的吉凶，確立了「順天應人」的核心價值理念，這個核心理念實際上構建了一種世界觀、人生觀和價值觀一體化的理論體系和思想方法。

人不能離開信仰，否則將找不到心靈的歸宿，失去人生的意義和價值。信仰是人們對宇宙真理的極度信服和尊重，並以之作為行動的準則，在任何時候、任何環境中能夠始終保持的堅定信念。中國文化強調「悟」的過程，人在社會中，如果被物質利益所迷惑，失去了信念層面上的「悟」的內容，就會陷入迷惘狀態，只相信現實的享受，不相信未來，沒有個體自我意識覺醒，沒有敬畏的對象和價值標準，沒有心靈的約束，便會為所欲為，最終失去道德的底線，所以傳統文化中講要「悟道做人」。

3.2.3 信仰是一種認知

信仰是對世界、對自身、對幸福及對金錢等的一套綜合認知模式。

人活著就需要信仰，每個人都有自己的信仰。從現實的角度來看，信仰就是人的「三觀」，是你怎麼理解這個世界、看待自己的一種偏主觀的認知模式。宗教是其中的一種。

我們覺得自己沒有信仰，只是我們的信仰沒有成規模、沒有系統化。你完全可以自己建立一個信仰，然後幫它取個名字。

小孩子沒有具體的三觀，他們經歷少，顯得幼稚。缺乏信仰，可以理解為缺乏對自我的認知、對世界的認知、對他人的理解，通俗來說就是不成熟。缺乏信仰的表現很明顯，就是容易意氣用事、不考慮後果，渴望外界的認同感，缺乏歸屬感等，就像小孩子一樣。

真正的信仰必須經得起時間的磨礪、經得起世俗的考驗。如果有東西說服不了你，那麼你就需要尋找能說服自己的解釋。信仰這東西，本來就是一個人不停尋找答案的過程。

科學只能使人的肉身舒適，不能讓人的心靈平安，人格高尚。英國物理學家丁達爾（Tyndall）說：「科學不是世上最有價值的東西，人格的高尚，比科學更有價值。」

真正的信仰是給人類堅強的信心，確定的盼望，與純

潔而強大的執行力。除非人類對於這些貢獻,都認為不需要
了,那麼信仰就沒有價值了。如果信仰能提高人類的精神生
活,使人類能正確地認識自我,那所謂非理性的信仰就是堅
決要有的!真正的科學幫助人直接認識世界的存在,相信天
地萬物的產生必有其合理的來源和規律;而真正的信仰則是
幫助人間接認識世界,與世界萬物合理和善的相交。科學的
本身也建築在信仰上面,科學有助於信仰之堅定,故科學與
信仰是沒有矛盾的。

信仰能夠帶給我們正確的認知!

電子書購買

國家圖書館出版品預行編目資料

八卦星象：流傳千年的文化傳承 × 連接天地人
生的哲學巨作，當星座遇上易經，兩者會擦出
什麼火花？ / 姚建明編著 . -- 第一版 . -- 臺北市
：崧燁文化事業有限公司 , 2022.08
　面；　公分
POD 版
ISBN 978-626-332-642-2(平裝)
1.CST: 易經 2.CST: 星座 3.CST: 占星術
292.22　　111012190

八卦星象：流傳千年的文化傳承 × 連接天地人生的哲學巨作，當星座遇上易經，兩者會擦出什麼火花？

臉書

編　　　著：姚建明
封面設計：康學恩
發 行 人：黃振庭
出 版 者：崧燁文化事業有限公司
發 行 者：崧燁文化事業有限公司
E - m a i l：sonbookservice@gmail.com
粉 絲 頁：https://www.facebook.com/sonbookss/
網　　　址：https://sonbook.net/
地　　　址：台北市中正區重慶南路一段六十一號八樓 815 室
Rm. 815, 8F., No.61, Sec. 1, Chongqing S. Rd., Zhongzheng Dist., Taipei City 100, Taiwan
電　　　話：(02) 2370-3310　　傳　　　真：(02) 2388-1990
印　　　刷：京峯彩色印刷有限公司 (京峰數位)
律師顧問：廣華律師事務所 張珮琦律師

── 版權聲明 ──

定　　　價：260 元
發行日期：2022 年 08 月第一版
◎本書以 POD 印製